LIBROS ESCRITOS POR EL AUTOR
COMO ERASMUS CROMWELL-SMITH II

IN ENGLISH	EN ESPAÑOL
THE EQUILIBRIST SERIES	LA SERIE EL EQUILIBRISTA
(INSPIRATIONAL/PHILOSOPHICAL)	(INSPIRACIONAL/FILOSÓFICO)
The Happiness Triangle (Vol. 1)	El triángulo de la felicidad (Vol. 1)
Geniality (Vol. 2)	Genialidad (Vol. 2)
The Magic in Life (Vol. 3)	La magia de la vida (Vol. 3)
Poetry in Equilibrium (Vol. 4)	Poesía en equilibrio (Vol. 4)
(YOUNG ADULTS)	(JÓVENES ADULTOS)
The Orloj of Prague (Vol. 5)	El Orloj de Praga (Vol. 5)
The Orloj of Venice (Vol. 6)	El Orloj de Venecia (Vol. 6)
The Orloj of Paris (Vol. 7)	El Orloj de Paris (Vol. 7)
The Orloj of Munich (Vol. 8)	El Orloj de Munich (Vol. 8)
Poetry in Balance (Vol. 9)	Poesía en Balance (Vol. 9)

COMO ERASMUS CROMWELL-SMITH

The South Beach Conversational method (Educational)	EL MÉTODO CONVERSACIONAL SOUTH BEACH (Educacional)
• Spanish	• Inglés,
• German	• Alemán
• French	• Francés
• Italian	• Italiano
• Portuguese	• Portugués

The Nicolas Tosh Series
(Sci-fi)
Algoritm-323 (Vol. 1)
Tosh (Vol. 2)

COMO NELSON HAMEL*

THE PARADISE ISLAND SERIES	THE RB HACKERS SERIES
(Action/Thriller)	(Sci/fi)
Miami Beach, Dangerous Lifestyles (Vol. 1)	White Spaces at Lake Erie (Vol.1)

* En colaboración con Charles Sibley.

Todos los títulos están disponibles en audiolibros

Poesía en equilibrio

Serie El Equilibrista: Vol. IV

Erasmus Cromwell-Smith II

Poesía en equilibrio
© Erasmus Cromwell-Smith II © Erasmus Press
Esta es una obra de ficción. Los nombres, personajes, negocios, lugares, eventos e incidentes son producto de la imaginación del autor o se usan de manera ficticia. Cualquier parecido con personas reales, vivas o muertas, o eventos reales es pura coincidencia.
Todos los derechos reservados. No se puede reproducir ninguna parte de este libro de ninguna forma ni por ningún medio electrónico o mecánico, sin el permiso por escrito del propietario del Copyright.
ISBN: 978-1-7330289-6-7
Editorial: Erasmus Press
Traducción al español: Erasmus Cromwell-Smith II
Corrector de prueba: Erasmus Cromwell-Smith II
Diseño de portada y diseño de interiores: Alfredo Sainz Blanco
erasmuspublishingpress.com
Primera edición
Impreso en EE. UU., 2020

Nota del autor

Esta es la historia detrás de la creación del segundo y tercer volumen de la serie El equilibrista. Mientras escribo la serie, mi intención ha sido crear versos ingeniosos que sean sencillos y fáciles de entender. El énfasis ha estado en el mensaje para evitar que el lector se pierda en las complejidades tradicionales, las métricas, incluso las abstracciones incomprensibles de la poesía tradicional. A través de un arte que habla a todos, busco desencadenar emociones mientras provoco la reflexión. Versos que saltan fácilmente de las páginas de un libro, cautivando el corazón de cualquiera. Al escribir verso libre, como si fuera una conversación significativa entre amigos, he tratado de romper la apatía o predisposición común hacia la poesía en general.

En cada tema, me hice muchas veces las siguientes preguntas:

—¿Me apasiona suficientemente este tema?
—¿Mi visión sobre el tema es de alguna manera diferente a la norma?
—¿Puedo articularlo a través del arte?
—¿Conozco lo suficiente sobre cada fuente particular de inspiración?
—¿Puedo escribir algo que pueda ser interpretado y experimentado en diferentes dimensiones?
—¿Puedo componer poesía versátil que sea tan ligera o profunda como el lector quiera que sea?
—¿Puedo crear un verso que inspire, impacte e incluso sane a otros?

Si las respuestas a todas estas preguntas son afirmativas, significa que me embarqué en viajes meditativos e introspectivos en busca del próximo momento creativo mágico. A partir de entonces, la visualización junto con la sensibilidad por un tema desató torrentes de palabras que se convirtieron en un poema, una fábula, un ensayo o un garabato.

La poesía de la serie El equilibrista dibuja un círculo de vida, cubriendo un terreno existencial que trae consigo un enriquecimiento inspirador, emocional y espiritual en contraposición a la vida mundana. Esta en particular está dedicada a todos aquellos amantes de la poesía que desean experimentar la prosa de la trilogía sin una historia o una trama que los enmarque. Como un regalo especial, al final del libro, he incluido una obra breve, que está muy cerca de mi corazón. Se llama "Ya no es solo un sueño". Además, he incorporado notas detalladas al final del libro. Reflejan lo que sentía cuando escribía cada verso, ensayo, garabato o fábula. Espero sinceramente que disfrutes Poesía en equilibrio tanto como yo lo hice al crearlo.

ERASMUS CROMWELL-SMITH II

Poesía en equilibrio

El quisquilloso pendenciero y el malabarista callejero

Parado en una esquina
bajo de un farol roto,
en una noche brumosa, nublosa y oscura,
el pendenciero hace lo que siempre hace,
mascullar lleno de quejas y divagar a tropiezos
sus pensamientos y palabras
acerca de todos y todo los demás.

Sus enormes ojos azules saltan en la oscuridad,
de derecha a izquierda,
de izquierda a derecha,
y a la vez parecen,
llenos de intensidad magnética,
a punto de salirse de las cuencas de sus ojos.

Poesía en equilibrio

Y mientras contempla,
tratando de seguir las piruetas de la sombra solitaria,
se pregunta en voz alta,
"¿Qué es lo que se trae este tío?"

En el otro lado de la calle,
sin darse cuenta de que le observan,
pegado al pequeño sillín a lo alto de los adoquines,
el malabarista pedalea su única rueda,
en ráfagas rápidas de intensa energía,
contorsionándose en ángulos imposibles
y círculos acrobáticos que desafían la gravedad,
hacia atrás, hacia abajo, hacia arriba y a los lados.

Siempre en balance,
el malabarista mantiene múltiples objetos flotando en el aire,
pero nunca maneja más de uno a la vez,
a pesar de los vaivenes, giros y vueltas,
nunca pierde su enfoque ni concentración,
y lo hace todo con suprema confianza en sí mismo
y absoluta determinación.

¡Obvio, obvio, obviamente que es así!
¿pero por qué los malabarismos?
Discute el pendenciero consigo mismo,
a más no parar.

Y, además,
¿qué importancia tiene el hacer actos como tales?
¿a quién puede interesarle
una vida al borde del precipicio,
llena de contorsiones y fracasos

a punto de ocurrir,
a la vuelta de cada esquina?

¡Porque eso es lo que hacemos en la vida!
se responde a sí mismo,
vivimos haciendo malabarismos,
buscamos equilibrio en todo,
y a través de la práctica y la experiencia
queremos perfeccionarlos a ambos,
tal como él lo demuestra,
incorporándolos como parte de nuestra persona.

Finalmente, el sentido común prevalece
y el pendenciero concluye,
tal cual, como el malabarista,
una y otra vez,
nos esforzamos y luchamos
a través de las calles de la vida,
algunas veces retando a lo improbable,
otras desafiando a lo imposible.

Eso es lo que hacemos,
añoramos, buscamos, logramos y conquistamos,
y después luchamos por mantenernos,
siempre guindando de un hilo.

Para mantener el equilibrio
y ser un diestro malabarista,
se requiere disciplina y esfuerzo constante,
ya que ambos son llaves claves,
para una vida con cimientos solidos
y a la vez plena.

El Equilibrista

Nuestras vidas se parecen a
las de los equilibristas de circo,
caminamos a través de una cuerda fuerte y sólida,
pero a la vez,
delgada y fina,
tal como nuestra vida emocional,
también lo es.

Nuestra cuerda,
es nuestra base de soporte,
hecha de miles de filamentos,
tejidos todos en una madeja apretujada.
En ella yacen,
entre muchos otros,
nuestros sentimientos,
nuestra fe,
nuestros seres queridos
y especialmente nuestra familia.

Mantener equilibrio es un reto difícil y desafiante,
ya que requiere de concentración,
atención y práctica constantes, intensas e ilimitadas,
porque del mismo modo que ocurren en la cuerda,
en la vida hay vaivenes
hacia arriba, hacia abajo, a diestra y a siniestra.

Y de la misma manera que
el equilibrista,
desliza cada escarpín hacia adelante,

cada uno de sus pasos acaricia
con sumo cuidado su estrecho sendero,
nuestras vidas
como su ejecución,
se convierten
en una faena donde todo depende,
de un delicado balance.

Cuanto más el equilibrista,
al igual que nosotros,
practica el equilibrio,
más destreza y conocimientos adquiere,
y con ello,
mayor confianza en sí mismo obtiene.

Porque quien camina por una cuerda
requiere coreografía para sus movimientos,
prácticamente perfectos,
para mantener su equilibrio.

Sin una sólida vida emocional
que nos sirva de soporte,
simulando la cuerda de un equilibrista,
no hay balance en la vida.

Cuando caemos en excesos de esfuerzo (como el trabajo)
o excesos de descarga (como la diversión),
perdemos el equilibrio
y nos caemos de la cuerda.

Y las mallas de seguridad,
si acaso hay alguna,
son las que nos salvan la vida.

Poesía en equilibrio

Cuando tenemos como base la cuerda,
y si adquirimos
sólida confianza en nosotros mismos,
podremos caminar solos y sin ayuda
sobre ella,
a través de los vaivenes que la vida
nos depare.

Pero el balance definitivo
aquel que perdura para siempre,
solo se logra con la vara del equilibrista,

Y la vara, es el amor.

EL VENDEDOR DE GLOBOS

El joven con la boina escocesa deambula por el parque;
una nube de globos lo acompaña por dondequiera que va,
uno tras otro,
los niños vienen hacia él,
y pronto se van felices,
con sus globos,
delicadamente anudados a sus deditos de ensueño.

Globos, globos,
¿quién quiere uno?
los vendo por poco,
tengo rojos, amarillos y azules,
redondos,
como gotas de lágrima
o en forma de corazones,

escoja uno cualquiera,
simplemente aquél que usted desee,
y quizás este pueda ser,
¡EL DÍA EN QUE LA SUERTE LE SONRÍA!

Repentinamente,
una voz en susurro aparece de la nada,
el vendedor de globos se retuerce y voltea bruscamente,
en busca de su interlocutor
quien es solamente un pulgarcito ilusionado.

Debido a su tosco movimiento,
las cuerdas de sus globos
se le enredan rápidamente,
por arriba de su cabeza.

Divertido,
el niño contempla al vendedor con los brazos cruzados,
las piernas separadas en posición firme,
cabeza ligeramente inclinada,
en una pose dudosa, pero aún interesado,
como un buen y potencial cliente.

'¿Cómo te puedo ayudar?'
Le pregunta el vendedor.

'¿Por qué usted vende globos?'
Le pregunta el niño,
ignorando su pregunta.

Mientras desenreda las cuerdas,
el vendedor mira con ojos benignos
a su diminuto inquisidor.

'Esa es una muy buena pregunta jovencito'
'De hecho lo que yo vendo son sueños'
Responde el vendedor.
'¿Sueños?' Pregunta el niño incrédulo.

'Lo que sucede,
es que en la medida que la gente envejece,
la mayoría de los adultos,
pierden la capacidad
o su deseo de soñar'.

'Así que se les hace fácil
comprarme uno a mí'.

'Pero yo no veo adulto alguno comprándole globos a usted'.
Observa el niño con precisión al tino.

'Eso es muy cierto,
únicamente los niños como tú parecen tener interés alguno,
mucho menos deseos de pagar para llevarse sus sueños,
atados a sus dedos,
flotando por arriba de sus cabezas
adonde quiera que van'. Explica el vendedor.

'¿Por qué soñamos?' Pregunta el niño.
'Porque estamos a la búsqueda
de nuestros más genuinos deseos e ilusiones.'
Responde el vendedor.

Finalmente, el vendedor libera sus globos
y todos se organizan en perfecta formación
con el cielo despejado en un día de fábula.

Cuando voltea para encarar
a su minúsculo interrogador,
éste no se ha movido,
ni un milímetro,
de su postura inicial.

'Pero muy pocos niños
hacen tantas preguntas como tú,
¿sabes qué?
¡SONRÍE QUE HOY ES TU DÍA DE SUERTE!'

'Tu curiosidad está a punto
de abrirte nuevas puertas,
te voy a llevar de viaje
al mundo de los sueños
y a la tierra de la imaginación'

En un instante,
un globo gigante,
con los colores del arco iris,
se eleva gentilmente
hacia el cielo despejado
y a la deriva va flotando,
hacia un horizonte sin fin.

'Cuando soñamos,
flotamos por encima de la realidad,
desde un globo,
los verdes de los campos resaltan,
los árboles lucen más frondosos,
los edificios y las calles
parecen perfectamente
organizados, simétricos y alineados

y los lagos y ríos parecen
las arterias vitales de la naturaleza,
porque cuando permanecemos inertes,
flotando en el aire,
todo se mueve en cámara lenta debajo de nosotros,
permitiéndonos ver y apreciar mejor
los detalles de la vida'

'Tal como en los sueños,
en un vuelo en globo
viajamos sin rumbo ni destino,
lo cual nos provee de absoluta libertad,
ya que no tenemos filtros,
ni estamos constreñidos en forma alguna,
por los dictámenes de la sociedad'

'Cuando soñamos
podemos visualizar
la verdad acerca de nosotros mismos,
además de lo que realmente
deseamos, sentimos y pensamos
acerca de la vida y de los demás'

'Cuando flotamos por encima de todo,
también somos capaces
de ver y valorar mejor
la magnificencia de la vida,
así como la vasta y maravillosa,
magnitud del universo que nos rodea'

Pausadamente,
el globo gigante desciende
hacia la realidad mundana.

El vendedor de globos le anuda uno bien grande al niño,
con colores brillantes y resplandecientes,
y este se va caminando feliz con sus sueños,
flotando por encima de su cabeza.

'Globos, globos,
¿quién quiere uno?
los vendo por poco,
tengo rojos, amarillos y azules,
redondos,
como gotas de lágrima
o en forma de corazones,
escoja uno cualquiera,
simplemente aquel que usted desee,
y quizás este pueda ser,
¡EL DIA EN QUE LA SUERTE LE SONRÍA!'

EL JOVEN FISGÓN Y EL GRANJERO ERMITAÑO

El joven se inclina hacia adelante,
las palmas de sus manos la tierra arcillosa roza,
sus piernas se flexionan como un resorte,
está casi arrodillado, pero de puntillas,
tiene la pose de un *"sprinter"*
a punto de salir en carrera.

Pero su cabeza denota una muy diferente condición,
está inclinada ligeramente a un lado.
El joven mira a lo lejos en la distancia,
con el cuello sobre extendido.

¿Acaso tiene sus ojos clavados
en algún objeto de su atención?
o es que ¿está observando con distracción?

No lo parece. Su cuerpo refleja nervios,
sus extremidades también exudan tensión,
mientras que su cabeza expresa calma,
un solo cuerpo y dos historias
pero una sola pregunta,
¿cual es la verdadera situación?

Lo que hace es fisgonear con suma curiosidad,
eso es lo que hace,
además, no quiere ser visto,
ya que está haciendo algo que no esta supuesto a hacer,
algo que le han dicho muchas veces que no haga.
Y, aún así, va y lo hace de cualquier manera,
sin importarle un bledo que le llamen la atención.

Pero ¿de qué se trata en fin de cuentas lo que hace?

Lo que hace es... soñar...

El joven sueña a través de las luces intensas
provenientes de la granja en la distancia.
Su vecino, un excéntrico y pintoresco ermitaño
construye cohetes y los envía hacia lo alto,
en el cielo de la noche.

El muchacho visualiza en su imaginación
la creatividad y energía ilimitadas

del mago granjero,
quien hace de lo imposible y lo improbable algo real,
y se maravilla de su tozudez y determinación absolutas,
aun a pesar de que sus cohetes fallan,
una y otra y otra vez.

Al muchacho le deslumbran
su creatividad y energía sin frenos.
'Eso es lo que quiero ser'. Reflexiona.
'Quiero alcanzar las estrellas, los planetas,
quiero ir al espacio, alcanzar las galaxias y el universo'.
Se dice convencido a sí mismo.

'A través de él, he aprendido que todo es posible,
aun cuando en casa me repiten una y otra vez que no lo es,
aun cuando me prohíban mirar,
aun cuando mis seres queridos no saben lo que es soñar'.

El muchacho se inclina hacia adelante aún más,
y visualiza la vida que tiene por delante y lo que le espera.
ya vive en el futuro,
sabe lo que quiere,
y sabe exactamente a donde va.

Y su viaje empieza allí mismo, arrodillado de puntillas,
con las palmas de las manos apoyadas en tierra arcillosa,
fisgoneando en prohibición,
una fábrica de cohetes en una granja
de un granjero ermitaño lanza cohetes;
la historia empieza con un sueño
improbable y aparentemente imposible,

y con un muchacho fisgón y curioso
que no vive en el presente,
sino en el mañana.

El regalo de la vida

Cuando oigas los susurros de las penas,
respóndeles con tus sueños del mañana.

Cuando te sientas atrapado por el fracaso,
combátelo con la emoción y el entusiasmo de
lo que significa estar vivo.

Cuando te sientas vacío y en soledad,
contrarréstalos con tu fe, tu corazón y la verdad.

Cuando te encuentres en las fauces de la derrota,
evádelas con coraje y convicción.

Cuando te sientas agotado y fulminado
revérsalos recuperando y recargando con celo.

Cuando te sientas consumido por iras o rencores venenosos,
disuélvelos con gracia y perdón.

Cuando te sientas acorralado y sin opciones
en los interminables laberintos de la vida,
conquístales buscando y buscando
sin parar ni renunciar,
una y otra vez,
hasta que encuentres una solución.

y cuando hayas desafiado a la vida de tal manera,
siempre recuerda, que tales logros o faenas,
son siempre,
no solo lo que se espera de ti,
sino, además,
lo que se requiere de ti,
desde el momento en que recibiste
el regalo de la vida,
por parte de Dios.

La pequeña llama
que nunca oscila, cavila o titubea

En las entrañas más profundas de mi corazón,
en un lugar donde las emociones son vírgenes y crudas,
donde los sentimientos circulan sin edición,
donde yace el nido del amor,
así como su cuna de propulsión,
donde las pasiones reinan libres,
con fuerza indomable,
existe una pequeña llama
que no oscila, cavila o titubea.

Una llama que no solo,
nunca se apaga,
nunca nos abandona,
nunca falla, ni nunca fenece,
sino que, por lo contrario,
es inmanente, y continúa
produciendo e irradiando

Poesía en equilibrio

de manera terca y constante
su incandescente calor y energía,
con indetenible intensidad,
no importando qué, quién o cuándo.

Sus serenos amarillos y azules
son abrumadoramente hermosos,
sus incandescentes rojos y naranjas
son sobrecogedores y emotivos.

Por lo que me pregunto,
¿qué sería la vida
sin nuestra pequeña llama?
¿qué seríamos nosotros sin ella?

Pues bien,
simplemente viviríamos una vida,
en blanco y negro,
gélida, sin pasiones
y con poco placer,
al contrario de una a todo color
con nuestro propio fuego interno
ardiendo de energía a más no poder.

En las entrañas más profundas de mi corazón,
llena de sentimientos, emociones, pasiones y amor,
yace esta pequeña llama
que nunca se apaga,
nunca fenece, nunca se va,
no importando qué, quién o cuándo,
es inmanente,
es continua,
es terca y constante

su incandescente calor y energía,
no oscilan,
no cavilan,
ni titubean,
y nunca cesan,
¡nunca jamás!

La magia de la vida

¿Cuál es la magia de la vida?
¿Es acaso luz que se filtra y fluye a través de todo
o colores y tonos que lo pintan todo?
¿O las fuerzas de la naturaleza,
algunas veces gigantes dormidos,
y otros truenos que rugen?

Y ¿dónde está?

¿Está acaso en la belleza abrumadora de las cordilleras?
¿en el verde esmeralda de los mares tropicales
o en la serena belleza de las flores?

¿Estará en la explosión del sol poniente?
¿En miles de tonos rojos y naranjas,
mientras se oculta en el horizonte?
¿O en la luna que ilumina el cielo de la noche
con sus innumerables tonalidades de blanco?

¿Será simplemente contemplar,
la inocente sonrisa de un niño?
¿o a un perrito moviendo su cola contento?

Poesía en equilibrio

¿o los ojos amorosos de una madre?
¿o las incontables y memorables historias de la abuelita?
¿o simplemente a la familia, sentados en la mesa,
riéndose, discutiendo y compartiendo, después de una comida?

¿O es acaso
simplemente el estar aquí?

¿Y dónde yace?
¿en las pequeñas cosas y detalles
o en la bondad y compasión?
¿o quizás en la pasión, felicidad y equilibrio?
¿Estará en la euforia del triunfo
o en la decepción de la derrota?

¿Estará en el disfrute apasionado del competir
o en la calma soledad de los esfuerzos,
individuales extraordinarios?

¿Estará en el vuelo majestuoso de un águila
o en la anatomía indestructible de un elefante?
¿o en los sonidos espaciales de una ballena?
¿o en las mandíbulas mortales de un cocodrilo?

¿Estará en la belleza infinita de una obra de arte
o en el hechizo de fantasía de una gran película?
¿o en el placer culpable de una magnífica comida?
¿o en el banquete a los sentidos
que es una melodía imperecedera?

¿Estará en el silencio y la paz
que encontramos en la contemplación y la meditación?

¿o en el interminable enriquecimiento del espíritu y el alma
a través de la fe?
¿o acaso,
en nuestra habilidad para distorsionar la realidad mundana?

¿Estará en el mundo de la imaginación,
los sueños y la fantasía
de aquellos que se atreven y arriesgan?
¿o en el mundo de los que crean, inventan o construyen
y los convierten en realidad?

¿Y qué de la contagiosa ingenuidad de la esperanza sin freno
o la inocencia que todo lo desarma
con entusiasmo imparable?
¿o los momentos pasajeros de verdadera y genuina felicidad
donde las trompetas del cielo tocan nuestros ecos de la vida?
¿o la expiación de nuestras fallas y errores
a través del perdón y la humildad?

¿O está acaso en la sonrisa
de aquel que se levanta todos los días feliz
y agradecido por estar vivo?

¿O está acaso en el choque de torbellinos
entre la carne y la pasión?

¿O es simplemente cuando estamos
verdaderamente enamorados
y nuestro corazón ya no nos pertenece más?

¿Dónde estará entonces,
esta vida encantada que Dios nos ha dado?

¿Cuál es ese embrujo mágico que nos otorga
el privilegio de estar vivos?
La repuesta yace en todo lo dicho y mucho, mucho más.
Ya que hay alegría interminable e infinita
en cada segundo que estamos vivos.

La repuesta yace en nosotros, es obvia y evidente.

La magia de la vida está en todos
y todo lo que nos rodea.
Y para atraparla y capturarla
solo tenemos que amar a la vida,
tal como Dios nos la ha dado.

El unicornio azul

¡Mago, mago!
concédeme un unicornio azul,
uno de esos que
esparce magia e ingenuidad al espíritu,
luz y calor al alma,
pasión y amor al corazón,
sentido y propósito a cada día que estamos vivos.

Y en un santiamén,
contemplo mi sueño,
sobrecogido y maravillado,
me deleito en mi fantasía.

Mago, quiero que conjures el hechizo,
concédeme un unicornio,

que sea tan azul,
como el más azul de los cielos,
que sea incansable y tenga poderes mágicos,
para que pueda sobre todas
las fuerzas del universo.

En mi unicornio
Quiero pasear por la vida
en un viaje interminable,

Dando vueltas y vueltas
para hacer de sus altibajos,
un carrusel que dibuja círculos
trazados de buena vida.

¡Mago, mago!
concédeme un unicornio azul,
uno de esos que hacen de la vida
un viaje en alfombra mágica,
donde volamos a través de
nuestro propio cuento de hadas,
En una travesía sin fin.

UNA MELODÍA A TRAVÉS DE LA LLUVIA

Al levantarme,
contemplando mi elección,
hoy me siento inspirado,
aun así recuerdo lo difícil que ha sido
llegar a esta encrucijada.

¿Es la felicidad una elección?
me he preguntado,
una y otra vez.

Al final,
la respuesta yace,
en el más inesperado
de los lugares,
una melodía a través de la lluvia.

Las notas musicales
se sienten húmedas, mojadas y hasta empapadas a todo dar,
por el diluvio.

Y, aun así,
la melodía inexorablemente irrumpe,
esparciéndose a nuestro alrededor.
La canción nos llega a través del torrencial aguacero.
La cadencia y el ritmo de la música
se impone sobre las gotas de la lluvia.

Mientras los cielos tamborean y truenan
como cataratas furiosas,
escucho la música en todo lo que me rodea
y claramente oigo
la melodía a través de la lluvia.

Allá, allá arriba, allá en todo lo alto

Allá, allá arriba, allá en todo lo alto
donde casi se puede tocar el cielo,
mucho más allá del horizonte,
existe un arco iris sin fin,
lleno de colores extraordinarios,
tan vivos y brillantes
que son una celebración maravillosa
llena de regocijo resplandeciente
ante nuestros ojos, espíritu y alma.

Señalando hacia el firmamento,
y a través de él,
después de ser recogida por un ángel,
envuelta en polvo mágico de estrellas,
remontó a la velocidad de la luz,
tu adorada tía,
al dejar la tierra
en su viaje final.

Y allá, allá arriba
donde casi se pueden tocar las estrellas,
para siempre reside Marianne
después de un viaje
que no pudo completar del todo,
en el planeta que la vio nacer.

Allá, allá arriba
donde yace el infinito,
observa al cielo de la noche,

presta atención a la estrella brillante,
mira como resplandece,
ve como destella.

Esa es tu tía,
tu compañera,
tu nueva guía de viaje,
ahora iluminando tu sendero,
mientras completas tu propio viaje
a través de la vida,
hasta tu destino final.

Allá, allá arriba
donde uno está en el cielo,
hasta donde un luminoso arco iris alcanza,
yace una nueva estrella, que te protege
y que siempre será tu guardián.

Un valeroso grupo de pocos

Hace un tiempo ya,
existió un valeroso grupo de pocos.

Vinieron de tierras lejanas,
tenían temples de acero,

su bandera estaba tallada en sus corazones,
su patria labrada en sus espíritus,
y sus seres queridos esculpidos en sus almas.

Y su coraje obliteró a toda la armada,

venció cualquier temor o miedo
y su furia indomable, avasallante
no pudo ser contenida, detenida o aminorada.

Y cuando llegó el momento
de luchar, conquistar y defender,
sus valientes corazones rugieron,
la tierra tembló,
y con honor lucharon
el uno por el otro,
para defender su bandera, su patria y a sus seres queridos.

Y su poder contundente y aplastante
acabó con todo
lo que se les atravesó por delante,
no dejando nada en su estela.

Hace un tiempo ya,
existió un valeroso grupo de pocos,
su furia era fulminante e indomable
y nunca pudieron ser conquistados,
ya que su bandera estaba tallada en sus corazones,
su patria labrada en sus espíritus
y sus seres queridos esculpidos en sus almas.

El mundo de la gente feliz

Érase una vez un mundo,
no muy lejano al cielo,
en el cual vivía mucha gente feliz,
aunque de los enojados había muchos más.

Poesía en equilibrio

Y como eran mayor en número,
la felicidad era usualmente dominada por el enojo,
lo cual daba lugar a un problema muy peculiar.
Mientras más alegre la gente se tornaba,
más furiosa la otra se sentía.

Algunas veces parecía que la alegría
no era suficientemente contagiosa.
Algunas otras parecía que el enojo,
era la única manera como mucha gente se podía sentir.

Todo esto creaba un mundo absurdo y difícil de definir,
pero sobre todo muy singular.

La gente iracunda
se sentía incomoda
e inclusive resentida
por la inmutable y perenne jovialidad de la minoría.

¿Era aquel un mundo feliz dominado por el enojo?
¿o era acaso
un mundo ofuscado dominado por la alegría?

¿Quién detentaba realmente el poder?
¿La felicidad o la ira?
¿Podría una persona enojada ser feliz?
¿y siquiera sonreír?
¿Podía existir el enojo o aun el dolor en la alegría?
¿Podrían el enojo y el gozo caminar juntos?

¿Sabía la gente enojada cómo ser feliz?
¿Sabía la gente feliz cómo estar enojada?

¿Sabía la gente enfadada lo que significa la felicidad?
¿Sabía la gente alegre lo que significa el enfado?
¿Existía alguna fórmula sobre cómo ser y sentirse feliz?

Érase una vez,
un mundo no muy lejano al cielo,
en el cual vivía mucha gente feliz,
quienes al final prevalecieron
sobre los enojados,
acabando con el enojo y la ira para siempre,
y de ellos nunca se supo más.

El carrusel de la vida

El carrusel de la vida
gira y gira sin parar,
así es como,
al completar cada vuelta,
todo va y viene de regreso,
al sitio donde nuevamente,
ha de comenzar.

En efecto,
de muchas maneras,
la vida es un círculo,
o mejor sea dicho,
una serie infinita de curvas elípticas,
que son parte
de un ancho y enorme círculo
a través del cual vivimos,
sin parar.

Poesía en equilibrio

Y todo aquello que nos parece
único y nuevo,
de hecho ha ocurrido
millones de veces ya.

Y la razón es que,
con cada vuelta
que da nuestro carrusel,
lo que fue, es o será
son una y la misma cosa,
como parte
de nuestro vivir circular.

Y tal como
en cada una de las vueltas
que da la vida,
siempre hay un comienzo,
una travesía
e inevitablemente,
un final.

Pero celebremos,
que nuestro carrusel gira sin cesar,
y que un final es siempre un nuevo comienzo,
y como nunca se detiene,
la vida, por ende,
es un constante y fluido movimiento circular,
el cual nunca puede parar.

Girando y girando,
una y otra vez,
lo que fue, será,

lo que va a ser, lo ha sido ya,
y nuevamente lo volverá a ser,
una vez más.

Valoremos entonces,
las memorias de lo ocurrido,
y el misterio del porvenir.

Pero por encima de todo,
regocijémonos y celebremos
el presente,
nuestros seres queridos
y lo que tenemos, sin importar lo que sea,
ya que no sabemos
hasta cuando lo podremos disfrutar.

Pero no perdamos de vista,
que hay momentos en la vida,
que comienzan al final,
otros que terminan al empezar,
por ello es prudente y astuto recordar,
que siempre hay una nueva oportunidad,
esperándonos en la vida,
para volver a comenzar.

Giremos y giremos,
una y otra vez,
en círculos existenciales,
donde el comienzo, la travesía y el final
son uno y el mismo,
solo que una vuelta distinta,
en el mismo lugar.

LA ESPERANZA

En aquellos momentos
cuando el infortunio nos persigue y nos abruma,
cuando las cosas no nos pudieran ir peor,
cuando todas nuestras fuerzas y fortalezas flaquean
o simplemente se han ido ya,
La esperanza es la que nos rescata e impulsa a continuar,

La esperanza es la que nos sacude y despierta
empujándonos hacia adelante,
A través de la esperanza
es como sobrellevamos las adversidades
y superamos cualquier tipo de obstáculo,

La esperanza es nuestro pasaporte
hacia los confines del espíritu y el alma.
La esperanza es nuestro salvoconducto
hacia la libertad de los grilletes en nuestra mente
y las cadenas que nos causan penurias y privaciones.

Cuando tenemos esperanza
no existe el temor a tener miedo,
ni miedo al miedo por sí mismo.

La esperanza es la semilla del valor, el coraje y la valentía.

La esperanza es una de las herramientas
más efectivas y potentes
para navegar y sobrevivir el "juego de la vida".

La esperanza es ese poder interno
pausado y constante,
que nos otorga temple de acero
y abundante confianza en nosotros mismos,
cuando más la necesitamos.

Cuando hay esperanza estamos siempre dispuestos
a continuar, insistir, recomenzar, reconstruir, recrear,
restaurar, reanudar, reavivar, depender de, emprender,
repetir y rehacerlo todo de nuevo, una y otra vez.

Cuando tenemos esperanza nunca estamos dispuestos
a abandonar o renunciar.

La esperanza en la vida,
por nosotros mismos y por los demás,
cura la incapacidad de ver y oír a nuestra alma y espíritu,
llenando nuestras vidas con luces brillantes
y susurros de melodías que nos indican
e iluminan caminos, senderos y puertas
que parecían previamente no existir.

La esperanza es el elixir
que nos provee propósito en la vida.
La esperanza es nuestro "pozo de deseos"
del cual extraemos el significado de estar vivos.

Mientras tengamos esperanza
siempre nos mantendremos auténticos,
genuinos y sinceros con nosotros mismos.

La esperanza nos hace sentir invencibles
ante los peores ciclones.

La esperanza nos permite enfrentar
cualquier ojo de huracán sin pestañear.

La esperanza nos equipa
con armaduras invisibles
debajo de delicadas y suaves sedas.

La esperanza nos ayuda a levantarnos de nuevo
y nunca permitir que permanezcamos caídos.

Tenemos esperanza cuando empecinados
creemos que podemos crear un mejor futuro,
y no solamente sabemos en qué tenemos esperanza,
sino que, en cierta medida,
sabemos cómo lograrlo.

Tenemos esperanza
cuando nuestra determinación
es más poderosa que alguna circunstancia
a la cual podamos estar enfrentados,
alguna persona a quien podamos estar encarando
o algún lugar en el cual nos podamos encontrar.

La esperanza se lleva con gusto
en lo más profundo de nuestro ser,
por eso es altamente contagiosa
hacia todos aquellos que estén en nuestro lugar.

Cuando tenemos esperanza
elegimos deliberadamente adoptar una actitud decidida,
positiva y optimista.

La esperanza perdura
aún más cuando removemos de sus senderos
y nos deshacemos de los obstáculos,
barreras y murallas emocionales que nos afligen.

La esperanza se hace mucho más poderosa
cuando clama no solamente por nuestro bienestar
sino también por el de nuestros seres queridos.

Cuando tenemos esperanza
en contra de viento y marea
a pesar de lo que nos hiere y oprime,
cuando tenemos esperanza en la creencia de que
lo sagrado y espiritual trasciende por mucho a lo mundano,

La esperanza se convierte
en un escudo ante el fracaso,
la renuncia, el abandono, la dejadez o la rendición,
y por ende en un arma letal en contra del pesimismo
o la posible derrota.

La esperanza es una condición de nobleza virtuosa
que exalta y eleva nuestro carácter y calidad humana.

La principal virtud de la esperanza
es que nos hace infaliblemente persistentes,
permitiéndonos perennemente recuperarnos
y volver a insistir una y otra vez sin cesar,
a través de todo tipo de circunstancias
en el periplo de la vida.

Las principales municiones de la esperanza
son las agallas inmanentes
y la ausencia de miedos o temores.

La esperanza es la que nos hace y define
como "guerreros existenciales",
siempre dispuestos a batallar, perdurar y superar
cualquier cosa que la vida arroje en nuestro camino.

Finalmente, en la esperanza
yace el ejercicio más sublime
de autodeterminación que existe en la vida,
ya que nos permite
cuando ya no nos queda ninguna libertad en pie,
sin importar el por qué, quién, dónde, cómo o qué,
tener todavía la capacidad de elegir
un mejor porvenir delante de nosotros.

EN QUÉ CONSISTE UNA VIDA INSPIRADA

Estar inspirado
significa estar completa y continuamente feliz.

Es inhalar profundo, con ganas,
y sentirse real y totalmente pleno,
mientras contemplamos con gozo
y disfrutamos el dulce sabor
de simple y llanamente,
estar vivos.

Vivir una vida inspirada,
es un regalo de gracia,

un embrujo que hace de nosotros
"magos de la vida",
del tipo que pide nada a cambio
pero a la vez dispensa en vastas magnitudes,
actuando como "magnífico benefactor de bondades".

Detrás de una persona inspirada,
siempre está ese algo o alguien que da comienzo a todo,
y con quien o con el cual estamos conectados
tan profunda e intensamente.

Alrededor de una persona inspirada,
Siempre hay una plácida aureola
de intensa energía positiva
a la vez de un campo magnético,
que no solo saca a flor de piel
nuestros mejores talentos,
sino que también atrae círculos virtuosos,
de manera infinita e ilimitada.

Cuando estamos inspirados,
nos envuelve un manto de inmutabilidad,
un brillo especial en nuestra sonrisa
y una mirada impregnada con la paz y calma
de una vida plena.

Cuando estamos inspirados,
contemplamos la vida
a través de lentes de aumento mágicos,
con imágenes color rosa,
aún en las más difíciles de las circunstancias.

Y como el estar inspirado
conlleva implícitamente
una distorsión deliberada de la realidad,
es por ello que requiere
absoluta inocencia e ingenuidad.

Cuando estamos inspirados,
nuestros mejores atributos
están permanentemente en guardia,
los 'pero', 'no', 'no puedo' o 'más tarde',
simplemente no existen
ni son parte de nuestra película existencial.

Y no hay límites, fronteras o periscopios
sino horizontes ilimitados y completamente despejados
para todos los lanzamientos espaciales
que pudiéramos imaginar.

Para una persona inspirada,
todo es posible,
siempre ve una oportunidad latente,
que yace a la espera
para ser descubierta, desarrollada,
hecha y puesta en marcha.

Tal como una pieza de mármol a ser esculpida
o una melodía a ser creada,
o un verso a ser escrito,
o una obra de arte a ser pintada.

Vivir una vida inspirada significa,
estar listo en todo momento

para capturar lo mejor que esta nos ofrece
y así exprimir lo máximo de nuestro viaje existencial.

Estar inspirado es,
cuando la vida entera es terreno fértil
para nuestra imaginación, sueños y fantasías.
Y todas nuestras mejores antenas receptoras,
están en absoluta y total sintonía,
para adquirir una condición de nobleza hipersensible
a todo aquello que nos inspire.

Cuando estamos inspirados,
no hay carga, lastre, arrastre o resistencia,
por lo contrario, todo se siente
luminoso, ligero, brillante, provocativo y sin dificultad.
Y por ende emprendemos lo que sea,
sin esfuerzo aparente alguno,
transformando cada momento,
en una novedad.

La fuerza de voluntad mueve montañas,
la inspiración mientras hace lo mismo,
las rehace.

Así es como,
la inspiración convierte a la fuerza de voluntad
en algo ordinario,
reemplaza las convicciones y las pasiones,
reduciendo la confianza en uno mismo,
a una mera herramienta existencial.

Algunas veces la inspiración nos impacta
como el rayo de un trueno,
otras, simplemente es un estado de deseo sublime.

Poesía en equilibrio

Algunas veces estar inspirado,
es como estar guiado por los ángeles
y la escarcha del cielo.

Otras es como estar,
plácidamente hipnotizado por el espíritu
o iluminado por los destellos del alma.

La inspiración es siempre
nutrida y sostenida por el amor
y su potente motor existencial,
no es nada menos que nuestro corazón.

Cuando estamos inspirados,

Inventamos, creamos, construimos, solucionamos,
visualizamos, proyectamos, predecimos, entendemos,
exploramos, generamos, buscamos, estudiamos,
rezamos, amamos, dispensamos, otorgamos,
concedemos, damos vuelta, tratamos y tratamos,
hacemos y como consecuencia vivimos a todo dar.

La inspiración es la materia prima de los magos,
"los magos de la vida",
esos que flotan a través de ella en un viaje,
con alfombra mágica, de nunca acabar.

Estar inspirado,
vivir una vida inspirada
y ser una persona inspirada
lleva inexorablemente a ser completa
y continuamente feliz.

Una "felicidad inspirada" en la cual
estamos permanentemente agradecidos a la vida,
y le estamos continuamente
devolviendo lo que nos ha podido dar.
Un tipo de felicidad continua,
que nunca se nos va.

EL PASADO Y EL FUTURO

Dice el dicho con toda su sabiduría,
que cuando hacemos el mal,
finalmente el pasado nos alcanza,
pasa factura
y nos obliga a rendir cuentas
haciéndonos responsables
de lo que hayamos hecho.

Pero existe también la verdad tácita,
que cuando dejamos de llevar a cabo,
en el presente,
lo que estamos supuestos a hacer,
cuando no utilizamos el poder del ahora,
estamos posponiendo la vida en si.
Y el futuro en marcha atrás igualmente nos alcanza,
pero a la inversa,
y nos hará rendir cuentas de igual modo.

Pero el futuro que nos toque
puede ser que no nos guste para nada,
ya que no nos pertenece,

ya que no tuvimos parte en él
al no construirlo ni crearlo tampoco.

En fin de cuentas,
no seremos dueños de nuestro destino,
sino sus simples súbditos.

Por lo que deberíamos preguntarnos,
de antemano,
si... ¿al no actuar en el presente,
estamos postergando nuestra vida?
El futuro está por llegar,
está a la vuelta de la esquina,
y cuando finalmente llegue,
podríamos encontrarnos
estancados en él,
esto hasta que empecemos
a construirlo hacia adelante
día tras día sin parar.

Es así y solo así
como seremos dueños
de nuestro destino,
y como el futuro será nuestro,
así como nuestro porvenir.

ALCANCE A LA VIDA

Reciba valorando lo que la vida le pueda dar,
Viva con todo y todos los demás,
sonría con ingenuidad,
entregue su corazón, ame con pasión,
ame de verdad,
Utilice el entusiasmo y la alegría sin piedad.

Alcance, alcance a la vida,
y nunca deje de agradecer,
el que Dios le permita,
habitar en este lugar.

TRIUNFAR NO ES
PARA LOS PUSILÁNIMES DE CORAZÓN

El camino hacia la victoria es un ejercicio
de supervivencia para los más aptos.
Es una batalla.
Triunfamos,
cuando nos visualizamos como gladiadores en la arena
o como sigilosos guerreros ninjas
listos para atacar desde las sombras,
o como un torero embistiendo
a la furia de la bestia en el ruedo.

Triunfamos,
cuando nos vemos escogiendo entre el triunfo o la derrota,

como si fuera un asunto de vida o muerte,
cuando lo deseamos tan intensamente
que nos duelen las entrañas,
cuando lo deseamos mucho más que nuestro oponente.

Triunfamos cuando,
nuestra actitud es tal que,
con la excepción de nuestros valores,
nada ni nadie puede detenernos en obtener el éxito
y nuestro único propósito es derrotar a nuestro contrincante.

Triunfamos,
cuando simultáneamente utilizamos nuestras fortalezas,
vamos con todas, tras las debilidades de nuestro oponente,
y nos esforzamos muchísimo más que nuestros rivales.

Triunfamos,
cuando deliberada y pausadamente,
tratamos de descubrir cada una de las virtudes,
debilidades y defectos de nuestros rivales,
cuando ante los ojos de nuestros oponentes
somos feroces y firmes en nuestro plan y estrategia de juego,
y, aun así,
discretamente nos ajustamos y adaptamos
en fracciones de segundo, cuando es necesario.

Triunfamos,
cuando al prepararnos para competir,
emprendemos cada tarea con una visión tubular,
sin dar lugar a distracciones,
cuando con voluntad de hierro
no permitimos que nadie ni nada prevenga
o impida nuestra marcha y objetivo.

Podemos triunfar,
únicamente,
cuando hemos cumplido con todos los pasos
y etapas del aprendizaje,
ya que el sendero hacia la victoria es largo, sin atajos
y hay que cubrirlo en su integridad.

Triunfamos,
cuando estamos un paso adelante de nuestros contrincantes
y todavía nos preguntamos: ¿cómo podemos mejorar?

Triunfamos,
cuando inmutables continuamos regresando,
una y otra vez,
a tocar la misma puerta,
que previamente nos han tirado en la cara,
y cuando un "no" es solo una invitación,
para tratar otra vez más.

Triunfamos,
cuando somos completa y absolutamente indiferentes
al rechazo,
cuando sabemos cómo y cuándo,
buscar y aceptar consejos y guía
de parte de aquellos que saben como triunfar.

Triunfamos,
cuando hacemos uso de la mejor parte de nuestro ego,
convirtiéndolo en nuestro aliado,
ya que contrariamente a la superficialidad,
y el narcisismo de la arrogancia,

la confianza en nosotros mismos es auténtica y genuina,
cuando deriva de la experiencia y la sabiduría,
y esto la hace inmutable e impenetrable.

Triunfamos,
cuando somos capaces de usar nuestra furia
como una fuente de fortaleza,
cuando transformamos nuestra ira
en un imparable deseo en llamas,
cuando sacamos de nuestro "pozo de deseos",
el fuego y la pasión necesarios para triunfar.

Triunfamos,
cuanto mayor sean en número y severidad los tropiezos,
errores y derrotas que hayamos experimentado
y sufrido en la vida,
ya que así es como estaremos mejor preparados
para triunfar en el futuro porque,
para saber triunfar, hay que saber primero cómo perder.

Pero, para que exista un sendero cierto hacia la victoria,
tenemos que arrear y acorralar a nuestros propios demonios
y tomar por las riendas a ese grupo
de "caracteres independientes"
que habitan los reinos de nuestra mente y espíritu.
Para ello tenemos que conquistar nuestras propias montañas,
tumbar paredes, vencer armadas, aniquilar a los pesimistas,
ridiculizar a los escépticos,
dejar sin palabras a los que solo dan excusas o negaciones,
exiliar a los holgazanes, exponer a los dudosos como charlatanes,
calmar a los miedosos haciéndolos nuestros aliados,
y tenemos que hacer todo esto,

dentro de los confines de nosotros mismos,
tal como la hacemos en la batalla.

Algunas veces, triunfar
requiere que sigamos nuestros impulsos atávicos,
e instintos primarios,
ambos mezclados en un cóctel explosivo de pasión al rojo vivo.

Otras veces triunfar requiere que sigamos a la razón,
los planes, la estrategia y la lógica racional.

Pero en otros casos se requiere de ambas.
Aun cuando en cualquier faena de domingo,
la pasión generalmente vence a la razón.

Triunfamos si al hacerlo vivimos y valoramos
nuestra trayectoria hacia la victoria,
Triunfamos si al hacerlo disfrutamos y compartimos
los frutos del triunfo,
Triunfamos si al hacerlo,
lo mejor de nosotros brota a borbotones,
Triunfamos si al lograrlo
crecemos como seres humanos.
Al triunfar celebramos a la vida.

Pero por encima de todo,
triunfamos,
si no nos dejamos engañar por la victoria,
sino por el contrario,
la mantenemos en su lugar,
ya que el triunfar,
aun cuando es un componente esencial de la vida,
es solo un juego,

ya que no es ni existencial ni sagrado,
sino mundano y pasajero,
no es amor o amistad,
verdad o fe,
virtud o valores,
sino un interruptor de ignición
que hace combustión
a nuestros deseos innatos de competir y triunfar,
una valiosa prueba y testimonio,
acerca de la intensidad con la cual vivimos la vida.

Por ello el triunfar
No es para los pusilánimes de corazón,
ya que requiere de coraje y fortaleza.
Triunfar es para aquellos
que retan a la vida con sus corazones,
y para quienes vivir a tope,
inexorablemente incluye el triunfar,
como un componente intrínseco de la ecuación,
del cómo exprimirle a la vida
la sublime pasión de la victoria.

LA AUTOSUFICIENCIA SANA

La autosuficiencia es
el cómo afirmamos nuestras vidas
mientras estas transcurren;
es el ser responsables ante nosotros mismos,
por encima de nadie o nada más.

Es el entendimiento
de que dependemos de nosotros mismos,
antes que de alguien más.

Y aun cuando por causa del amor, generosidad,
imperativos morales
o la combinación de cualquiera de ellos,
pudiéramos poner a otros por delante
de nosotros mismos en los caminos de la vida,
cuando se trata de depender,
no dependemos de nadie,
sino únicamente de nosotros mismos.

Dependamos primero de nosotros mismos,
ya que nunca debemos esperar o contar
en lo que otros hagan por nosotros,
en sustitución,
de lo que nosotros estemos supuestos a hacer,
de lo que solo nosotros podemos hacer,
por y para nosotros mismos.

Así mismo,
dependemos de nosotros mismos y de lo que creemos,
sin considerar y por encima de lo que otros piensen.

Y como dependemos primero de nosotros mismos,
somos inmunes a las opiniones o influencias de los demás.

Dependemos de nosotros mismos independientemente
de lo que la sociedad piense.

Dependemos de nuestros instintos y presentimientos,
no en vez de, sino antes de alguna norma, regla o ley.

Cuando dependemos primero en nosotros mismos,
podemos romper con las cadenas del conformismo,
adoctrinamiento y alienación de nosotros mismos.

Dependemos de nosotros mismos
como la única manera de establecer y reafirmar
nuestra individualidad, carácter y personalidad,
en otras palabras, nuestra propia identidad.

Dependemos primero de nosotros mismos
porque constituye los pilares de nuestra independencia,
donde germinan las semillas
de nuestra auto-valía, auto-respeto y dignidad.

Y debido a que nos gobernamos a nosotros mismos
sin las creencias prescritas,
sin la ayuda o influencia de nadie,
así adquirimos todas estas virtudes.

Y así lo afirmamos, individualmente,
dependo primero de mí mismo porque confío en mí
y como resultado creo y tengo la confianza en mí mismo
para enfrentar a la vida como el auténtico yo
y no alguien más,
haciéndolo con todos mis talentos y capacidades.

LOS MEJORES INSTINTOS DEL CORAZÓN

Hay cosas en la vida tan trascendentales,
que escapan al raciocinio,
y entre ellas,
hay algunas que no solo desafían a la lógica,
sino que, además retan a nuestra esencia, valores
y a nuestros mejores instintos.

Esas cosas,
que solo podemos hacer con el corazón,
son aquellas de las cuales nunca nos arrepentimos
y las haríamos una y otra vez,
de la misma y exacta manera.

Porque son actos y obras existenciales
para las cuales utilizamos,
los mejores instintos del corazón,
ya que están guiadas por
principios, convicciones, pasiones
y el interés propio o las consecuencias
no nos importan tanto como nuestras creencias
o ese ser querido,
por quien estamos dispuestos,
aun a riesgo propio,
a lo que sea, por su bienestar.

Lo que es absolutamente cierto,
es que este tipo de pasos monumentales
no los podemos dar con la cabeza,
porque nunca tendríamos la valentía
o el desprendimiento de causarnos daño
a nosotros mismos,
o actuar en contra de nuestro propio interés
ya que ambas son virtudes exclusivas del corazón.

De estos actos de valor
es de donde nacen los héroes,
el curso de la historia cambia,
incontables vidas son salvadas
y la humanidad brilla,
elevándose a sus más altos niveles de nobleza.

Poesía en equilibrio

Hay muchos de nosotros que nacemos
con excelentes instintos de la razón,
por otra parte, hay muchos de nosotros
que llegamos a la vida
con magníficos instintos del corazón.

Aunque una de las grandes paradojas de la vida
es que todos parecemos
seguir y utilizar siempre
aquellos instintos en los cuales somos más débiles,
lo cual inevitablemente conduce
a vidas vacías, titubeantes, incompletas, depresivas
y sobre todo carentes de emoción.

En los asuntos del amor,
el corazón y la razón son como agua y aceite
y no van nada bien juntos,
porque nuestra mente no puede
gobernar o mantener al amor,
y nuestro corazón no puede
controlar o sostener a la razón.

Cuando seguimos
los mejores instintos de la mente
en asuntos del amor,
este no existe,
sino únicamente pensamientos
en vez de sentimientos,
lo que existe son acuerdos o arreglos,
donde nos conformamos
con el vacío
de la comodidad y la conveniencia,
de una vida sin pasión.

Porque aun cuando,
los mejores instintos de la razón
nos sirven bien,
cuando la lógica y el sentido común
son requeridos,
cuando miramos hacia atrás en la vida,
inexorablemente nos percatamos
de que únicamente experimentamos
inmensa, plena y absoluta felicidad,
cuando seguimos
nuestros mejores instintos del corazón.

La importancia de los pequeños detalles en la vida

Si deseas vivir una vida dichosa
presta atención a los pequeños detalles,
no a aquellos que son formales en su naturaleza,
esos son obtusamente abstractos
y saltan fácilmente a la vista,
consisten normalmente
en reglas, normas, o estipulaciones
que bien seguimos, ignoramos, quebrantamos,
o simplemente burlamos.
Ellos son limitados
con relación a nuestra condición humana
y binarios en su alcance,
ya que simplemente
nos recompensan o nos penalizan.

Pues no,
para vivir una vida dichosa
hay que prestar atención
a otro tipo de pequeños detalles,
aquellos que son gestos de amor,
aquellos que vienen directo del corazón,
que son usualmente espontáneos,
tienen poco o ningún valor material
y siempre proveen inmenso gozo y alegría,
del tipo donde se hace difícil respirar
y las emociones se acumulan como nudos en la garganta,
de quien los dispensa y quien los recibe,
de todo corazón.

Este tipo de pequeños detalles,
para resonar y ser efectivos,
requieren de ingeniosa creatividad
y mucho amor;
pero ninguno se nos hace una tarea difícil
cuando tienen como propulsión
una profunda empatía
con la felicidad y el bienestar
de todos nuestros compañeros en el viaje de la vida,
a cualquiera que sea nuestro destino.

Cuando se reciben,
los pequeños detalles tienen su mayor valor,
cuando a pesar de vivir
en la abundancia, en prosperidad, salud y bienestar,
todavía tenemos la humildad suficiente
para prestar atención, apreciar y valorar
los gestos que nos ofrecen

todos los que nos quieren y nos brindan,
su apoyo y atención.

Cuando se dispensan,
los pequeños detalles son más valiosos,
cuando las cosas nos van mal,
y aun carentes de mucho,
quizás sin salud
y en infortunio,
todavía tenemos
el corazón y el deseo de dispensar para otros,
aquello que todavía podemos dar.

Es en esos extremos,
cuando todavía somos capaces y sabemos
valorar lo que recibimos
cuando no lo necesitamos,
y cuando continuamos dispensado
lo poco que nos queda,
donde los pequeños detalles en la vida
tienen su mayor valor,
haciéndose inolvidables,
ya que nunca nos dejan
y los atesoramos para siempre.

La vida es dichosa cuando,
tomados por sorpresa y sobrellevados por la emoción
ocultamos nuestro rostro con las palmas de nuestras manos,
o cuando encontramos esa pequeña nota en el bolsillo,
o dejamos esa flor bajo su almohada,
o en esas pequeñas cosas que mamá, papá y los abuelitos
nunca olvidan,

o esos pequeños gestos que nunca faltan o dejan de estar ahí,
o esos besos y abrazos que nos dan fuerzas
e inspiran en los momentos precisos,
o esa sonrisa que nos levanta el espíritu
y nos hace sentir seguros y protegidos,
o esos ojos calmos, amorosos, gentiles, tiernos
o agradecidos,
o ese sin fin de cosas que nos hacen sentir
y reaccionar en una dicha continua e infinita.

Así que si quieres vivir una vida dichosa,
presta atención a los pequeños detalles,
aquellos que vienen directo del corazón,
aquellos que son gestos espontáneos de amor,
aquellos que solo consisten en pequeñitas cosas,
aquellos que dispensamos y recibimos con alegría,
aquellos que nunca olvidamos por el resto de nuestras vidas,
ni tampoco lo hace nuestro corazón.

EL AMOR NOS LLEGA A TRAVÉS DE UN CONEJITO EN SU LABERINTO

¿Cómo sabemos que el amor nos está tocando a la puerta?
¿Cómo sabemos que ha llegado?
Y su melodía, la música de los ángeles,
está toda allí, esperando por nosotros.

¿Cómo sabemos que quien nos busca,
es ese compañero de viaje
que tanto hemos añorado
a lo largo del tiempo?

Y ¿cómo sabemos que es ese
el preciso instante y no otro,
en el que podemos salir del cascarón
y deshacer nuestras murallas de protección?

Lo sabemos porque
quien nos llega inesperadamente
e irrumpe en nuestras vidas,
nos deja sin respiración.

Lo sabemos porque
cuando finalmente
podemos recuperar nuestro aliento,
el aire que inhalamos
se siente puro,
lleno de emoción,
como si en ese momento,
no hubiera otra cosa
que quisiéramos estar haciendo
o ninguna otra persona con quien desearíamos estar,
sino con nuestro conejito del amor.

Lo sabemos,
porque el mundo a nuestro alrededor,
desaparece,
y voluntariamente caemos
por un laberinto maravilloso,
como ningún otro,
que nos hayamos encontrado
en nuestro viaje existencial,
en la búsqueda del verdadero amor.

Poesía en equilibrio

Lo sabemos porque repentinamente,
el objeto de nuestro deseo,
ante nuestros ojos,
no puede hacer o decir nada equivocado,
todo lo que vemos es perfección,
a través de lentes benevolentes de aumento,
hechos de candor, ingenuidad y amor.

Lo sabemos porque desde el principio
nos sentimos a gusto, confiados y ligeros al caminar,
y el viaje de la vida se convierte en uno de dos
y se impregna de magia, felicidad, pasión y alegría, a todo
dar.

Lo sabemos porque somos poseídos
por una inexplicable certidumbre
de que estamos seguros, protegidos y nunca en soledad.

Y lo sabemos,
porque nos vemos a nosotros mismos
visualizando el futuro,
nuestra vida, nuestra familia y nuestros hijos
a través y únicamente con nuestra otra mitad.

Y lo sabemos porque el laberinto de nuestro conejito del
amor
es uno del cual nunca nos querríamos salir,
sino quedarnos en el para siempre,
como si estuviéramos viviendo en un cuento de hadas,
de nunca acabar.

El secreto está en cómo los polos opuestos se atraen en el amor

Te gusta bailar, a mí no.
Eres espontánea y no andas con rodeos,
yo no podría ser una persona más circular.

Hablas siempre en voz alta
y haces ruido todo el tiempo,
yo soy el silencio personificado.
difícil en el hablar.

Eres sociable y amigable,
yo soy poco de ambas cosas,
siempre encerrado en mi lugar.

Tu temperamento estalla y se calma
como la erupción de un volcán,
mi llama arde constante y sin parar.
Duermes hasta tarde,
yo me levanto antes del alba,
con energía a reventar.

Planificas todo de antemano,
yo lo hago todo en el último instante,
porque soy un caótico muy singular.

Organizas constantemente lo que te rodea,
a mi me gusta el orden,
casi todo el tiempo,
pero sin mucho que organizar.

Te gusta todo pulcro e inmaculado,
yo disfruto de ambos, extasiado
y sin chistar.

Recuerdas ciertas cosas muy bien,
yo recuerdo otras con igual exactitud,
pero de una manera muy particular.

Lees y captas a mucha gente bien,
yo leo y capto a otros, pero no del mismo modo,
es así como no fallamos con alguno,
que tengamos que evaluar.

Te fascina un buen queso y un vino de cava,
yo todavía estoy aprendiendo ese quehacer y ese manjar.

Eres una excelente gourmet,
con una velocidad de relámpago en la cocina,
yo soy completamente inservible e inútil
y hasta peligroso, a menos que me puedan parar
y cambiar de lugar.

No te importa mucho el desayunar,
para mi no hay comida que lo pueda reemplazar.

No te gustan los chocolates o los helados,
a mi no me dejan de apasionar.

Eres efusiva cuando celebras,
yo no soy expresivo en esas instancias,
ni de mucho fiestear.

Tocas instrumentos con gracia y facilidad,
yo no tengo virtud alguna para ese arte y esa bondad.

Te gustan ciertos tipos de música,
especialmente de tu lugar,
yo por el contrario prefiero explorar.

No eres de caricias, abrazos, apretones o acurrucar,
yo no los paro de dar.

Puedes ser ferozmente celosa, a veces,
para mi esos son solo banalidades
a las que la gente suele jugar.

Llamas a todo por su nombre,
yo uso motes y sobrenombres para todos, sin parar.

Te gustan las rutinas y lo predecible,
yo soy totalmente opuesto
ya que prefiero lo impredecible
y siempre improvisar.

No te gusta estar desnuda, mucho menos descalza,
yo soy todo lo contrario, en casi cualquier lugar.

Hablas sin parar acerca de cualquier cosa,
yo solo lo hago con lo que me pueda apasionar.

Te gusta que te lea,
y hay poco que me pueda gustar más.

Poesía en equilibrio

Nunca entiendes las películas,
sin embargo, nunca te duermes en ellas,
por mi parte, yo siempre lo hago, sin fallar,
pero de alguna manera,
después te las puedo explicar.

Siempre te duermes cuando me toca manejar,
a pesar de ello,
siempre te llevo a tu destino final,
pero me toca hacerlo,
hablando solo sin parar.

A veces te pones gruñona o te aburres,
ninguna de esas palabras
existen en mi diccionario
o en mi órbita espacial.

Nunca te gusta lo que en un restaurante
hayas podido ordenar,
siempre prefieres que te de dé lo mío
o simplemente
te lo sirves sin preguntar.

Eres cautelosa y temerosa,
yo no entiendo
ninguna de esas dos palabras,
nunca me terminan de entrar.

Estás llena de sonrisas,
las mías no brotan con tal facilidad,
y son difíciles de encontrar.

Adoras un buen traje y lo vistes con garbo y clase real,
yo nunca presto atención
a esa actividad tan singular.

No podríamos ser más diferentes
acerca de quién, cómo, cuándo, dónde, qué y cuál
es el trabajo que hacemos,
pero no podríamos ser más parecidos
en cuanto a cuán duro e intensamente,
lo emprendemos sin parar.

Escribes a máquina como un rayo,
yo difícilmente puedo mecanografiar.

Pero yo leo más rápido
y lo hago sin alardear.

Odias cargar algo,
para mi siempre ha sido un placer
hacerlo en tu lugar.

Nunca sabes donde estás,
yo soy una brújula humana
y no necesito compás,
para encontrar el lugar.

Nunca sabes cómo llegar,
gracias a Dios,
la mayor parte de las veces,
yo no necesito mapa,
para navegar.

No sabes regatear o pelear un precio,
a mi me fascina tumbarlos,
hasta que muy poco pueda quedar.

Crees que muchas cosas son imposibles,
yo creo que casi nada lo es,
y tu siempre has confiado en mi soñar.

Te gusta sentarte y disfrutar una buena comida,
a mi no me gusta esperar.

Te gusta una buena y sonora pelea,
yo prefiero el silencio, la paz
y nuestra tranquilidad.

Nunca dejas pasar algo que no te gusta,
yo deliberadamente distorsiono la realidad,
en aras de la creatividad.

Tropiezas, resbalas y te caes constantemente,
yo no soy mucho mejor en el andar.

Te fascina curiosear sin nada comprar,
Cuando visitamos museos,
cada uno va por su lugar.

Tienes el hábito de sentarte a tapear,
con el gusto de un comensal,
yo prefiero una tienda de libros
o una exhibición de fotos históricas
en la cuales muchas horas puedo pasar.

Puedes soltar malas palabras o groserías con facilidad,
eso algo que nunca has visto en mi lugar.

Te es difícil olvidar y perdonar,
para mi es como prender o apagar una luz,
y dejar en un santiamén, todo atrás.

Te gusta correr, pero ya no puedes más,
para mi es como un modo de vida,
que no quiero cambiar.

Las cosas que nos unen o en las que estamos de acuerdo,
son fáciles de visualizar y escribir acerca de ellas sin parar.

Pero es en las cosas en las cuales no somos iguales,
donde las tensiones sanas del amor se pueden encontrar en cantidad.

Por ello el secreto yace en dos polos opuestos,
trabajando juntos para siempre de verdad.

¿QUÉ ES EL AMOR?

Qué logro tan maravilloso
y a la vez
que ocurrencia tan desconcertante,
espontánea, ingenua y avasallante.

Un par de almas
perdidamente enamoradas, la una de la otra,
los susurros y murmullos

de dos corazones enamorados
en un mundo
que solo a ellos les pertenece.

La paz y la sencillez
de dos espíritus
absolutamente cómodos
entre ellos,
mientras disfrutan
de la más sublime de las conexiones,
en un lugar donde la belleza es innata
y yace a borbotones.

Una pareja
en estado de fluidez y cambio continuo,
donde todo empieza y continúa,
a través de incontables reacciones
a las expresiones de amor
del uno con el otro.

Y ambos postrados
totalmente en manos del otro,
literalmente se rinden y entregan mutuamente
de tal manera que parecieran hacer
el uno con el otro, todo lo que quieren.

Y consentidos permanente y perennemente,
ninguno es capaz de aceptar nada menos
sino exactamente lo mismo o más
de su otra mitad.

Así es como,
el amor se convierte
en un ejercicio permanente

de colocarse en el lugar del otro,
y he allí el por qué
el amor mientras exista,
es el nivel más elevado de empatía entre dos corazones
poseídos mutuamente,
por siempre en la eternidad.

¿QUÉ ES EL AMOR VERDADERO?

Un amor verdadero es,
cuando nuestro corazón ya no nos pertenece más,
cuando nuestra "copa existencial"
solo está llena si estamos
junto a nuestro ser amado,
cuando sentimos que podemos mover montañas
o partir las aguas de los océanos,
el uno por el otro,
cuando nunca vemos u oímos maldad
de parte de nuestro ser querido,
cuando somos incondicionales
sin importar los hechos, las fallas o errores
cometidos por nuestro ser adorado,
y nuestra piel duele
cuando añora el roce de nuestra otra mitad
y nada es más cálido
que el estar en los brazos de nuestra alma gemela
por siempre sin importar en qué lugar.

El amor verdadero es,
cuando la pasión es tan abrumadora
que solo basta un pequeño gesto para dispararla,
es cuando el éxito o el fracaso no importan,

ni el dolor o las penurias tampoco,
es el ser todo uno para el otro,
es cuando lo damos todo y algo más.

El amor verdadero también está
en los saludos y bienvenidas
que nos hacen saltar de regocijo y felicidad,
en los abrazos largos y las despedidas interminables
que nos dejan con un nudo en la garganta
casi sin poder respirar,
es cuando esperamos pacientemente y tenemos
esperanza sin expectativa alguna de
recibir nada a cambio,
al amor verdadero también se le encuentra,
en la mirada benigna, bondadosa e indulgente
y en las sonrisas que revientan de alegría imparable
y las risas que son nuestros ecos de felicidad existencial,

El amor verdadero es,
cuando nuestra mitad es parte de nuestra esencia misma,
cuando nuestro espíritu se fusiona en uno solo entre dos,
cuando ambas almas se han entregado y fusionado
en una sola,
y cuando nos convertimos
a la vez en compañeros y amantes
en el sinuoso y enrevesado viaje de la vida.

El amor verdadero es,
cuando los colores de la vida
brillan y florecen a todo dar,
cuando las campanas del cielo tintinean
y la orquesta de la vida interpreta sus
mejores melodías,

y todo lo que sentimos es como si estuviésemos
en el pináculo del éxtasis.

El amor verdadero no puede ser cuantificado,
el amor verdadero no puede ser controlado,
el amor verdadero es emancipador,
el amor verdadero es uno de los más grandes
regalos existenciales que nos da la vida,
el amor verdadero es precioso y muchas
veces pasado por alto,
el amor verdadero es difícil de hallar,
y lo más probable en que nunca lo encontremos
ya que él es el que lo hará,
el amor verdadero es un milagro
y una de las grandes maravillas
del estar vivo
y depende solo de nosotros,
el poderlo disfrutar.

EL TABURETE CON TRES PATAS

¿Qué es lo que hace a una gran pareja?
Primero que nada, está la amistad,
sus fundaciones son la honestidad, la lealtad,
la fidelidad y el compromiso.
En ella residen,
la comunicación y el compartir todo,
es el confiar sin límites,
es el saber lo que el otro piensa
con solo un vistazo
y sin que existan palabras,

Poesía en equilibrio

es completar o finalizar las frases
del uno y el otro,
es complementar las debilidades y diferencias
entre ambos,
es donde el respeto y la admiración son
el norte y las columnas de soporte,
es donde la verdadera intimidad yace,
y nuestra otra mitad se convierte
en la persona con la que nos sentimos
a gusto en todo momento y circunstancia,
a quien nunca nos cansamos de
contemplar, hablar, oír o compartir,
es la persona que a veces es un hermano,
otras un esposo o simplemente un amigo,
es la persona quien más nos motiva
pero a la vez nos detiene, hace cambiar
de rumbo o corregir nuestros errores
o pasos en falso,
la verdadera amistad florece
si en ella existen niveles saludables
de tensión que deshagan la complacencia
y el conformismo,
y en la amistad es donde,
"El para bien o para mal",
"El bienestar o el infortunio"
"La prosperidad o las penurias",
realmente residen.

Luego le sigue la pasión,
en ella es cuando la carne
se fusiona con el deseo,
el magnetismo es incontenible
y la atracción del uno por el otro

se enciende como una bola de fuego
o estalla como un volcán en erupción,
es cuando los cuerpos son insaciables.

Es cuando basta un solo gesto para que la fantasía
y la imaginación se hagan realidad en un "relámpago carnal",
en cualquier momento y lugar.

Finalmente, está el amor
El amor verdadero es
cuando nuestro corazón ya no nos pertenece más,
cuando las campanas del cielo suenan
y las trompetas de la vida tocan a todo dar
notas musicales en forma de corazones,
es como un delicado jardín de rosas
que requiere de mucho cariño y sumo cuidado,
pero produce una inmensa y delicada belleza.

El amor verdadero
es cuando la piel clama en dolor
por la de nuestra otra mitad.

Es estar por siempre alucinados,
totalmente infatuados, atrapados
y entrelazados con nuestro ser amado,
y cuando nada es más cálido que el
abrazo de quien estamos enamorados.

El amor verdadero es cortejo,
caballerosidad y galantería,
es a la vez poesía y rendición,
es cuando los colores de la vida
en toda su majestuosidad

brillan, encandecen
y todo lo pintan de amor y felicidad.

La amistad, la pasión y el amor
son las tres patas del taburete en una pareja,
las tres bases y pilares que la sostienen,
las que definen a una unión completa y sólida,
de aquellas que sobrellevan y perduran,
de aquellas que permanecen unidas para siempre.

NUESTROS LAZARILLOS EXISTENCIALES

De todos "los peros" que valgan,
ninguno es más poderoso
que aquel que nos viene
de aquellos que nos dispensan
tutelaje existencial.

Podemos pretender
que no los escuchamos,
de hecho, podemos
hacerlo al principio.

Pero en algún lugar
en el camino de la vida,
ojalá que,
más pronto, luego
y más a menudo que después,
esas palabras sabias
finalmente calen
y las podamos entender.

y mientras resolvemos todo lo demás,
seguramente aquello que,
sabiamente nos aconsejaron alguna vez,
puede que nos sirva en el momento adecuado,
para guiarnos, quizás prevenir
o aun después de los hechos,
ayudarnos a darnos cuenta qué hacer,
quizás corregir o prevenir,
la próxima vez.

SI TE PUDIERA ENCONTRAR
EN ALGÚN LUGAR DEL UNIVERSO

Si pudiera tocar las estrellas con mi corazón,
la oscuridad de la noche se convertiría
en rojos rosa y rojos fuego.

Si pudiera tocar el cielo con mis sueños,
los colores y tonos de la luz del día se transformarían
en blancos inspirados y azules apasionados.

Si pudiera convertir en palabras
esos momentos de la vida que tocan el alma
se volverían tonos blancos y negros
de sabiduría.

Si pudiera simplemente ser arte
del tipo que trae regocijo al espíritu,
este se convertiría en verdes plenos
y amarillos vivos.

Poesía en equilibrio

Si pudiera volar a la luna
y contemplar desde ella a nuestro planeta tierra,
este resplandecería
y de ella brotarían cada color del arco iris
en un espectáculo de nunca acabar.

Pero si a ti te pudiera encontrar
en algún lugar,
allá arriba en el universo infinito,
mis sueños y mis pasiones,
mi vida y mi corazón,
así como todo mi mundo,
todo él,
se volcarían en ti.
Y tuyo sería para siempre,
tuyo sería hasta el fin.

UNA LABOR DE AMOR

Que tarea tan imposible,
la del tener que navegar
hacia los más oscuros confines
de las mentes de otros,
pero no a la de uno mismo.

Esos senderos donde
la tierra no es firme,
los cimientos tienen grietas,
y donde el piso se mueve,
los senderos de la vida son borrosos,
sin suficiente luz

y no existe sentido de bienestar alguno,
o felicidad.

Pero quizás no hay trabajo más difícil
que el de aquellos que tratan con mentes
que no solo carecen de sentido
y propósito en sus vidas,
sino que además son potencial
e intrínsecamente
perversos, diabólicos, maquiavélicos y tramposos
o simplemente se quieren tanto a sí mismos
que no dejan lugar, ni les importa, nadie más.

Por lo que
es solo debido a una labor extraordinaria,
impregnada de profunda devoción
por el bienestar de otros,
que un desempeño tan valioso
hace una diferencia y tiene un impacto tan significativo,
en la vida de tantos.

Es solo a través de una conducta profesional
que se manifiesta día tras día
con esfuerzos constantes y casi sobrehumanos,
del tipo que supera cualquier obstáculo,
cada crisis o situación extrema,
con determinación y creatividad genial,
del tipo que conecta con cada individuo
y los hace sentir
que son seres humanos únicos, valiosos y dignos,
que como alguien como tú, logra impactar tantas vidas.

Y además les ayudas a creer en sí mismos
y que son capaces de crecer, evolucionar,
cambiar, superarse y tener un mejor porvenir,
siempre y cuando estén dispuestos a esforzarse y
cumplir con lo que les encomiendas.

Que trabajo más difícil el de hacer el bien
mejorando la mentalidad y las actitudes
de los que más lo necesitan,
de aquellos en busca de redención
o una segunda oportunidad,
aquellos en los cuales pocos creen o apoyan,
¡Qué trabajo más difícil!
¡Qué trabajo tan imposible!
¡Qué maravillosa labor de amor!,
eso es lo que harás y serás en el futuro,
dejando atrás una bella estela y legado,
eso es lo que al final has logrado,
esa será tu obra, tu gran legado.

Existe una vida por vivir a tu lado

Existe acaso algo,
cualquier cosa que buscas,
pero nunca alcanzas.

Existe acaso algún momento en el tiempo
del cual nos arrepentimos,
pero ya es demasiado tarde.

Existe acaso ese amigo, familiar o ser querido
que nos da tanto

sin pedir nada a cambio
y no apreciamos lo suficiente.

Ha existido acaso algún momento
o lugar en el tiempo,
en el cual deberíamos habernos detenido
o hecho una pausa,
pero no la hicimos.

Existe acaso algún secreto,
sí ese secreto,
que deberíamos haber sabido,
conocido o compartido,
pero nunca ocurrió así.

Existe acaso algo en nuestro pasado,
sí ese pasado,
que eventualmente nos alcanza,
porque nunca hacemos lo que debemos,
para corregirlo.

Existe acaso una espera,
una larga espera,
que hemos hecho sin resultado,
pero abandonamos cuando ocurre de vuelta.

Existe acaso familia y amigos
que debemos querer, atesorar y venerar,
pero no lo hacemos lo suficiente.

Existe acaso ese pequeño gesto
que deberíamos haber dispensado,
pero no lo hacemos nunca.

Existe acaso un amor verdadero
que por nosotros espera,
pero nunca vamos por él.

Existe acaso un dios
al cual temer y creer,
pero fallamos una y otra vez en hacerlo.

Existe acaso una felicidad
en todo lo que nos rodea,
a ser encontrada y disfrutada
pero perennemente fallamos en ir tras ella.

Existe acaso inspiración
en muchas cosas pequeñas y sencillas
pero existencialmente cruciales y esenciales,
y sin embargo no las vemos.

Existe acaso fuerza y sentido,
significado y propósito
en la fe y lo sagrado,
pero no los profesamos.

Existe acaso compasión
para otorgar con gracia a otros,
pero no la sentimos.

Existe acaso perdón
que dispensar,
pero no actuamos al respecto.

Existe acaso esperanza,
por una vida y circunstancias mejores,
pero la abandonamos.

Hay acaso tanto que proveer,
pero fallamos en hacerlo
sin siquiera intentarlo.

Existe acaso tanto que otros necesitan,
pero no nos damos ni cuenta,
ni mucho menos hacemos algo al respecto.

Existe acaso un futuro a no ser pospuesto,
existe acaso un mundo, nuestro mundo,
existe acaso una vida, nuestra vida,
a ser aprovechados, vividos y no desperdiciados,
simplemente con nuestras ganas, deseo y espíritu,
un mundo sin peros,
sin nocivos resentimientos o arrepentimientos,
un mundo para dar, recibir y disfrutar,
una vida, nuestra vida
la única que tenemos
la única que tendremos jamás.

Un mundo esperándonos,
listo para ser vivido,
y está ocurriendo ahora mismo
delante nuestro.
No dejemos que se nos vaya,
pero eso solo depende de nosotros
¡y de nadie más!

El verdadero éxito en la vida consiste en ser feliz

La vida no es para los espectadores,
si lo que queremos es ser entretenidos,
lo seremos
porque la vida nos ofrece innumerables opciones
para escoger en un carrusel infinito,
repleto de ellas.

Pero una vez que el espectáculo llegue a su fin
la diversión y las emociones se escaparán,
rápidamente por la ventana.
Ya que ser simplemente un espectador
hace imposible experimentar y preservar
la pasión y el propósito de lo que otros hicieron.

Sentirse bien por mucho tiempo,
nunca le sucede al espectador,
ya que el vacío de una vida llana
y sin significado,
inexorablemente se apodera de nosotros
cuando estamos solos en la noche,
con nuestra almohada.

Podemos gritar, aupar y celebrar,
todo lo que queramos,
y con entusiasmo desenfrenado,
las victorias y derrotas de otros,
pero será solo por momentos pasajeros,
porque al final de cuentas

nosotros seguimos siendo los mismos
y nada ha cambiado.

La vida, por el contrario,
es para los participantes
aquellos que se involucran con pasión y propósito,
lo cual les genera felicidad y significado existencial
y estos últimos dos,
duran, en tanto y en cuanto,
continuemos esforzándonos
vaciando y poniendo nuestros corazones
en cada cosa que hagamos.

Una vida con pasión y propósito,
es una vida donde nosotros
somos protagonistas principales,
una vida donde caemos y nos levantamos de nuevo,
donde triunfamos y somos derrotados,
donde amamos y somos amados en reciprocidad,
donde damos mucho más de lo que tomamos de vuelta.

Una vida donde nos arriesgamos,
tropezamos, sobrellevamos
y perduramos.

Pero una vida en la cual nunca, nunca,
dejamos de tratar o no abandonamos nada,
Una vida donde estamos
totalmente inmersos e involucrados.
Una vida con significado, plena y a tope.
Una vida donde la felicidad no es perseguida
sino que la misma emerge

y sucede como consecuencia de nuestro involucramiento,
deliberado,
en una experiencia de vida total y plena.
Porque al final de cuentas,
lo que todos queremos es tener éxito existencial,
lo que perseguimos es logro vital.

Pero no existen logros o éxitos
como simples espectadores,
sino únicamente diversión e intensidad,
las cuales son superficiales, banales, pasajeras
y al final no tienen nada que dejar.

En la vida,
los logros y el éxito
no le pertenecen a los espectadores,
le pertenecen a los que participan,
los que están involucrados,
"los participantes".

El verdadero éxito en la vida consiste en ser feliz,
la felicidad es quizás el nivel más sublime de éxito,
donde nunca podemos dejar de estar totalmente
involucrados,
donde una vez que creamos un círculo virtuoso,
nunca cesa o se nos va.

La fórmula de la felicidad

Algunas veces tenemos la esperanza
de que, por el mero hecho de estar vivos,
la felicidad es, con toda certeza,
algo con lo que podemos contar,
o algo con lo que nos vamos a tropezar
o simplemente encontrar.
Pero esperar que la felicidad ocurra
por combustión espontánea,
suerte o casualidad,
es el equivalente a recibir una recompensa
sin merito alguno,
un premio sin trabajo o esfuerzo
que nos lo haya hecho lograr.

En otras ocasiones,
deseamos que la felicidad nos sea dispensada
a través de una fórmula mágica,
un hechizo, un embrujo o una ilusión,
pero hay muy pocos hechiceros entre nosotros,
ya que "los magos de la vida"
son muy difíciles de encontrar,
y eso se debe a que la fórmula,
para convertir los sueños en felicidad,
es una virtud excepcional
que muy pocos poseen de verdad.

Muchos creen que para lograr la felicidad
hay que perseguirla y buscarla.
Por lo cual esta deriva de una persecución

o búsqueda deliberada.
Otros, por el contrario, creen que la felicidad sucede
como consecuencia y subsecuente
a las formas pertinentes como elegimos vivir.
Hay también aquellos quienes creen que
la felicidad solo ocurre cuando enfrentamos
penas, tragedia y dolor.
Pero el optimismo en la tragedia,
la pena o el dolor,
rara vez es el sendero hacia el éxtasis.

¿Por qué será que la felicidad nos elude,
es inesperada y efímera?
¿Por qué se hace tan difícil
alcanzarla o encontrarla?
Y si lo hiciéramos,
¿sabríamos acaso que estamos ante ella?
Y si la reconociéramos,
¿seríamos capaces de disfrutarla?
Y si de hecho la experimentáramos,
¿podríamos acaso saber valorar
y apreciar el privilegio de ser felices?
Y de serlo,
¿sabríamos acaso atesorarla para siempre?

Y entonces,
¿cómo podemos encontrar la felicidad?
¿A través del deseo y la intención de ser felices?
¿O a través de los senderos y caminos
que decidimos tomar hacia la tierra de la alegría?
¿O a través de ambas?

La respuesta reside en la fórmula de la felicidad,
la cual tiene 3 actitudes existenciales interconectadas
muy de cerca con 3 pilares que la sustentan.

Primero,
identifique sus pasiones,
la pasión es nuestro motor existencial,
encuentre lo que ama hacer y hágalo.
Determine todo lo que le apasiona y aférrese a ello
ya que aumentará por muchas veces
las probabilidades de que sus mejores
habilidades y talentos,
no solo salgan a flote, sino que sean puestas a buen uso,
ya que se desempeñará
en cualquiera que sea su faena,
haciendo el mejor uso de sus fortalezas.

Hacer lo que a uno le apasiona es fácil
y el esfuerzo, energía, determinación,
disciplina y persistencia,
requeridas y necesarias,
no solo se hacen irrelevantes,
sino que nunca son un obstáculo.

Cuando uno hace lo que ama,
esto es lo que nos genera y provee
con las mayores satisfacciones y orgullo,
por todo aquello que pudiéramos lograr.

Cuando uno hace lo que le apasiona
nunca encuentra excusa alguna o peros para empezar,
nunca nos quedamos parados o inactivos

ni evitamos cumplir con nuestros deberes u obligaciones,
pero, para llegar a tener un dominio magistral
de nuestras pasiones,
hace falta tiempo, crecimiento, preparación, superación,
fracasos, talento innato y determinación.

Segundo,
encuentre su ritmo,
su ritmo son las revoluciones por minuto
de su motor existencial (las pasiones).
La productividad y efectividad en su vida,
requieren de ritmo.
Su ritmo es la velocidad y eficiencia
con la cual usted cumple sus tareas.
Sin ritmo,
rápidamente uno se abruma
y su motor existencial se hace más lento.
En la vida y el mundo actual,
un motor sin las revoluciones por minuto adecuadas
se sobrecarga y sobrecalienta
en fracciones de segundo.

Además,
para poder realizar múltiples tareas simultáneamente
y para poder hacer frente al paso de la vida moderna,
manteniendo un fuerte ritmo y una alta productividad,
se requiere de constante entrenamiento y aprendizaje,
ya que, en fin de cuentas,
su ritmo debe ser proporcionalmente adecuado
a las metas y estilo de vida que se haya trazado.

Y Tercero,
para capturar y estar inmerso en su vida,

se requiere "estar consciente de" todos
y todo lo que nos rodea.
No podemos ser espectadores de nuestras propias vidas,
tenemos que estar totalmente involucrados
y ser activos participantes en ellas,
capturando cada uno de sus momentos
tal como se nos han dado u ocurrido,
no podemos postergar nuestras vidas,
no podemos darnos el lujo de que nuestro precioso tiempo,
en el planeta tierra,
sea desperdiciado día tras día,
actuando como espectadores.
Así mismo,
debemos estar eternamente agradecidos
por nuestros compañeros de vida,
así como por lo que hemos recibido,
sea lo que sea,
cada día que estamos vivos.

Finalmente,
la vida nos da y envía pequeñas señales y símbolos,
muchos de los cuales constituyen
importantes mensajes y pistas existenciales,
las cuales si no estamos "conscientes de"
no seremos capaces de ver o apreciar,
ya que estaríamos caminando a ciegas,
sin percatarnos de ellas.

Una cosa es absolutamente cierta,
Estas luces o faroles que iluminan
nuestros senderos de la vida,
están dispersos y espaciados a lo largo de la vía,
a veces como símbolos que la vida nos da,

Poesía en equilibrio

otras como llamadas al deber
o simplemente advertencias o acertijos,
esperando por nosotros
a ser vistos, descubiertos, resueltos y descifrados
como si fueran rompecabezas o crucigramas existenciales
que una vez resueltos,
iluminan y marcan nuestro camino,
permitiéndonos seguir hacia adelante
con un sendero lleno de luz para vivir sin par.

Pero hay 3 pilares de soporte
a la pasión, ritmo y "estar consciente de",
los mismos son necesarios
para que la felicidad florezca.

Primero,
Necesitamos el amor para ser felices.
El amor es el cimiento fundamental de la felicidad.
El amor verdadero es cuando nuestro corazón
ya no nos pertenece más.
A través del amor nos enfocamos en
todo lo que podemos dar
y dispensar a otros,
sin considerar lo que podríamos recibir o no.

Segundo,
Necesitamos balance y equilibrio entre
el esfuerzo (trabajo) y la descarga (diversión).
Tenemos que establecer prioridades
para mantenernos en balance.
El equilibrio solo existe si tenemos
una vida emocional sólida como soporte.

El equilibrio se aprende a través de la práctica
y un estilo de vida sano.

Tercero,
La felicidad florece a través de valores sólidos.
Nuestro carácter y virtudes están constituidos
en base a nuestros valores
espirituales, familiares, éticos y morales,
a través de la fe, la verdad y la honestidad.

En este ecosistema de tres actitudes existenciales
(pasión, ritmo y "estar conscientes de")
y sus tres pilares que las sostienen,
(amor, equilibrio y nuestros valores)
es donde la inspiración nace y florece,
propulsándonos a una condición
de nobleza y deseo sublime,
un estado de funcionalidad y productividad exacerbada
que saca a flor lo mejor de nosotros,
y genera continua felicidad.

La inspiración bien puede ser la única fuente
de felicidad continua que existe,
la inspiración es la materia prima de los magos:
Los magos de la vida
El amor, el equilibrio y los valores son los cimientos
del "estar consciente de" nuestro ritmo y nuestras pasiones.
Cuando amamos de verdad,
llevamos una vida balanceada,
cuando vivimos de acuerdo a nuestros
valores morales y éticos, familiares y espirituales
tenemos las llaves para una felicidad continua.

Poesía en equilibrio

Si, además,
cuando hacemos lo que amamos,
lo hacemos con pasión,
cuando vivimos intensamente y con ritmo,
cuando capturamos, exprimimos y vivimos
estando conscientes de cada momento que estamos vivos,
esforzándonos en dar,
haciéndolo con todo nuestro corazón.

¡Entonces somos completamente felices!
Ya que todas y cada una de ellas
son fuentes de felicidad.
Pero la fuente para una felicidad constante,
es una condición de nobleza y deseo sublime,
un estado de sensibilidad,
altamente exacerbada,
donde brota lo mejor de nosotros
y ésta es la inspiración,

La cual nos lleva
a ser magos inspirados de la vida
y a vivir una vida llena de inspiración.

El optimismo

El optimismo es una actitud deliberada,
con la cual intencionalmente contemplamos a los demás,
a través de sus mejores luces, galas y colores.
Es una predisposición a buscar, encontrar y ver
siempre el mejor lado y ángulo,
así como la más favorable perspectiva,
acerca de todo y de todos los demás.
Es una tendencia natural a visualizar
lo mejor que una circunstancia o una persona
puedan ofrecer y dar.
Es una inclinación innata
a otorgar el beneficio de la duda a la vida,
dispensando positivismo y buena fe ante todos sus avatares.
Es también, ese entusiasmo refrescante
que traemos a todas y cada una de las ocurrencias de nuestra existencia.
Así como a todos y cada uno de sus momentos.
Es, además, esa certidumbre insaciable,
de que siempre hay,
un lado más brillante
o un recodo más iluminado,
a ser encontrado.
Es, por ende, esa confianza en uno mismo,
indomable, tozuda e inquebrantable,
de que siempre hay
un mejor resultado posible,
guardado en algún lugar,
esperando por nosotros.
El optimismo es también,

esa creencia inmutable, benigna y gentil,
de que hay bondad en el otro lado del mal,
fortaleza en la otra cara de la debilidad,
virtud detrás de cada falla, defecto o carencia,
oportunidad cuando aparentemente no vemos alguna,
incandescencia en la oscuridad
y luminiscencia en las tinieblas.
Aquellos poseídos por el optimismo,
viven en otro mundo,
viven en una vida alterna,
ya que lo ven todo
con gafas benevolentes
y con un brillo y destello especial en su mirada.
Los optimistas son siempre
joviales, saturados de motivación, fieramente determinados
y aparentemente poseídos por un elixir mágico,
que les permite borrar y desechar,
el pesimismo, los prejuicios, el negativismo y los rencores
de sus vidas, automáticamente y en un instante.
Los optimistas obliteran de antemano,
el síndrome del "perdedor antes de la partida"
de todos nosotros.
Con la ayuda del optimismo siempre vemos más allá
y aun a través de todas las cosas y las gentes.
Nuestra civilización ha sido construida
en base al optimismo,
el progreso de la humanidad ha sido cargado
en hombros por el optimismo.
Todas y cada una de las creaciones,
inventos y avances de nuestra sociedad
han tenido lugar gracias a la candidez,
candor, inocencia e ingenuidad de los optimistas.

Y ningún paso transcendental,
en el progreso de la raza humana,
tendrá lugar, será hecho o logrado,
sin la ambición imparable del optimismo.
El verdadero, genuino y legítimo optimismo,
siempre marcha hacia adelante,
y simplemente no puede ser disuadido,
detenido, desviado o devuelto.
El optimismo es totalmente ajeno al criticismo,
rechazo, la duda o el escepticismo.
El optimismo autentico es maleable, dócil, y adaptable,
por ello,
mientras más difícil sea el objetivo,
el obstáculo o el reto,
más fuerte se hace el optimismo verdadero.
Aquellos que hayan sido picados
por el gusanillo del optimismo,
están en posesión de "espejuelos mágicos-existenciales"
que les hacen inmunes a los detractores y obstruccionistas.
En cierta manera los optimistas, distorsionan la realidad,
hasta que la versión alternativa de la misma,
se convierte en la nueva realidad,
Realizando lo que está a nuestra disposición,
a través de una perenne visión mágica, cándida e ingenua,
de lo que podría, sería, debería e inexorablemente,
bajo ese estado y condición,
va a suceder.

PEQUEÑOS SACRIFICIOS

A veces la vida se nos presenta
con tareas aparentemente imposibles,
con retos que aparecen insuperables,
y exigen tanto de nosotros,
que no sabemos por dónde empezar,
ni tampoco,
si podremos dar la talla,
y estar a la altura de las circunstancias,
ni mucho menos,
si seremos capaces de aguantar hasta el final.
A veces la vida se nos presenta
con lo que al parecer,
son enormes sacrificios,
los cuales a menudo
nos llegan disfrazados de tragedia y dolor.
Son momentos que ponen a prueba quienes somos en
realidad,
ya que toda tarea a ser cumplida,
es difícil, dura, desagradable, mugrosa
de soportar y ejecutar.
Estos llamados al deber,
se nos presentan
como sacrificios extremadamente difíciles,
siendo del tipo donde todos nuestros instintos,
así como nuestro egoísmo
y todo nuestro ser,
se oponen y rechazan,
encontrando excusas fácilmente,
para evitar o ni siquiera empezar a sobrellevar

los sacrificios que se esperan de nosotros.
Entre ellas están incluidas,
las personas más cercanas a nosotros,
aquellas que no pueden ocuparse de sí mismas,
o están lo suficientemente incapacitadas,
algunas ya desahuciadas,
que necesitan de nuestra asistencia diaria,
y dependen eternamente de nosotros,
por el resto de sus vidas.
Por otro lado están aquellos
que al estar privados de su libertad,
cuentan y confían en nuestro
amor, fuerza y apoyo,
así como nosotros necesitamos de ellos.
De la misma forma, también existen,
quienes tienen hambre o están desamparados,
o aquellos en necesidad de tutelaje, orientación, guía,
entrenamiento o enseñanzas de vida.
Y sin embargo, ninguno de ellos tiene cómo ofrecernos
nada a cambio, mucho menos con valor material alguno.
Estos son momentos existenciales y encrucijadas de la vida,
donde el llamado de Dios,
nos llega para ponernos a prueba
acerca de ¿qué está hecho realmente nuestro corazón?
¿Cuánta bondad existe en nuestra alma?
¿Cuánta gentileza habita en nuestro espíritu?
¿Cuál es nuestra calidad y valía como seres humanos?
¿Cuán dispuestos estamos a sacrificar y dar mucho,
sin esperar nada a cambio?
En realidad, todos estos solo son pequeños sacrificios,
y en cierto modo obsequios existenciales,
que nos son exigidos y requeridos,

a cambio de todos aquellos otros
que recibimos o hemos recibido ya.
A veces la vida se nos presenta,
con lo que al parecer,
son enormes sacrificios,
que en realidad no son tales,
sino oportunidades,
para nosotros devolver el favor,
por el más grande de los presentes,
el que todos hemos recibido de antemano,
sin que se nos haya pedido nada a cambio,
el regalo de estar vivos
el regalo de la vida misma.

ACERCA DE LOS CUENTOS DE HADAS Y EL DESTINO

¿Dónde se origina un cuento de hadas?
¿Cómo empieza?
¿Cuándo y cómo es creado?
¿Dónde lo podemos encontrar?
Y si de hecho lo hacemos, ¿cómo le damos comienzo?
¿Cuándo es acaso que las páginas de nuestras vidas brillan
y resplandecen en todo su esplendor?
Y nuestros corazones están repentinamente inundados
con sueños mágicos de amor recíproco.
Se dice y se sabe comúnmente que el destino es
predecible, inexorable, ineludible, inescapable e inevitable,
lo cual hace de nosotros,
meros seres terrenales,
derrapando descontrolados a través de nuestro universo
y existencia, hacia destinos pre-designados

y resultados pre-establecidos.
Tal creencia, no es solo falsa sino crucial
y críticamente errónea,
ya que descarrila a nuestro espíritu,
bajo la convicción de que nuestras vidas
ocurren de manera predeterminada y predestinadamente.
Pero el destino de esta manera,
es únicamente una excusa banal,
Con un disfraz de legitimidad histórica,
vacío y sin propósito
o significado existencial alguno.
La realidad es que, de hecho,
somos nosotros mismo los que creamos
nuestros propios cuentos de hadas.
Esto depende solo de nosotros y nadie más.
En nosotros habita la capacidad de hacer
de cualquier persona, lugar o cosa, una fábula maravillosa.
La vida es como un cuento de hadas sin fin,
si nosotros lo hacemos tal porque hay extraordinariedad,
magnificencia, esplendor, júbilo y formidabilidad
en todo nuestro alrededor y, mejor aún enfrente nuestro,
así las convertimos en tales;
Así como también las hay en nosotros mismos,
listas para ser descubiertas y liberadas,
siempre y cuando seamos capaces
de ver a la vida y a la gente,
con una pizca de candidez, ingenuidad y buena fe.
Sin embargo, no hay nada accidental
acerca de los cuentos de hadas.
Muchos creen que de alguna manera fortuita
se van a encontrar con hadas madrinas, magos y hechiceras,
o hasta un príncipe en su caballo blanco

o a una diosa de la belleza y la virtud
y que cualquiera de ellos nos va a conquistar
y deslumbrar en un santiamén.
Cuando lo que tenemos que entender, realmente,
es que cada uno de esos caracteres ya yacen en nuestros
espíritus.
Y entonces, ¿cómo podemos iniciar un cuento de hadas?
Primero y ante todo,
con un deseo insaciable de soñar, amar y vivir.
Adicionalmente, reconociendo y apreciando
la belleza interna que reside en todo ser humano,
sin importar quienes sean o lo que tengan.
Y entendiendo que,
sin importar que tan nefastas sean las circunstancias;
cada momento, cada reto, cada penuria,
sin importar cuan desagradables parezcan,
cada fracaso, derrota o rechazo,
sin importar cuanto parecieran ponernos por el suelo.
Todas y cada una de las circunstancias de la vida,
no solo tienen su propio valor existencial,
sino también su encanto propio,
el cual solo espera por nosotros
a que lo descubramos, disfrutemos
y experimentemos a todo dar.

La importancia de los pequeños detalles en la vida

Si quieres vivir una vida dichosa,
presta atención a los pequeños detalles,
aquellos que vienen directo del corazón,
aquellos que son gestos espontáneos de amor,
aquellos que solo consisten en pequeñitas cosas,
aquellos que dispensamos y recibimos con alegría,
aquellos que nunca olvidamos por el resto de nuestras vidas
ni tampoco lo hace nuestro corazón.

El verdadero éxito en la vida consiste en ser feliz

Sentirse bien por mucho tiempo,
nunca le sucede al espectador.
En la vida,
los logros y el éxito no le pertenecen a la fanaticada,
solo la diversión y las emociones,
las cuales son banales y pasajeras,
ya que el vacío de una vida llana
y sin significado,
inexorablemente se apodera de nosotros
cuando estamos solos en la noche,
con nuestra almohada.
La vida, por el contrario,
le pertenece a los participantes,
una vida donde somos sus protagonistas principales.
Una vida donde la felicidad no es perseguida,

sino que la misma emerge
y sucede como consecuencia de nuestro involucramiento,
deliberado, en una experiencia de vida total y plena.

EL AMOR NOS LLEGA A TRAVÉS DE UN CONEJITO EN SU LABERINTO

¿Cómo sabemos que el amor está tocando a la puerta?
Lo sabemos porque
quien nos llega inesperadamente
e interrumpe nuestras vidas
nos deja sin aliento y respiración.
Lo sabemos porque
cuando finalmente podemos recuperar
nuestro aliento y respiración,
el aliento que inhalamos
se siente puro,
lleno de emoción,
como si en ese momento
no hubiera otra cosa
que quisiéramos estar haciendo
o ninguna otra persona con quien desearíamos estar,
sino con nuestro conejito del amor.
Lo sabemos porque desde el principio
nos sentimos a gusto, confiados y ligeros al caminar,
el viaje de la vida se convierte en un viaje de dos,
y poco después,
somos poseídos
por una inexplicable certidumbre
de que estamos a salvo, protegidos y nunca solos.

Los mejores instintos del corazón

En los asuntos del amor,
el corazón y la razón son como agua y aceite
y no van nada bien juntos,
porque nuestra mente no puede
gobernar o mantener al amor,
y nuestro corazón no puede
controlar o sostener a la razón.

¿Qué es el verdadero amor?

El verdadero amor es,
cuando nuestra piel duele
sin el roce de nuestra alma gemela
y nada es tan cálido o nos acurruca más
que el estar en brazos de nuestra otra mitad.
El verdadero amor es,
cuando nuestro corazón ya no nos pertenece más.

Mi diosa radiante de la noche

Yacemos aquí
con un cielo de la noche
inundado de estrellas
sobre la humedad de,
las todavía cálidas arenas
de una playa desierta.
Aquí estamos

en Marthas's Vineyard,
lugar donde nuestra historia,
ha comenzado.
Mi diosa radiante de la noche
¿adonde me llevas?
¿adonde nos estás llevando?
con este amor naciente,
que ha despertado.
Cuando te veo,
suspiro de alegría,
solo con tu presencia.
Cuando miras a mi corazón enamorado
lo haces temblar.
Además, con un solo roce o caricia
de tu piel de seda,
que tan cálido acobija,
mi súplica se siente
por todo nuestro alrededor,
llena de éxtasis y deseo.
Y cuando me abrazas
siento esta inexplicable certidumbre
de que me encuentro a salvo,
tengo a alguien a mi lado
y no estoy más en soledad.
Mi diosa radiante de la noche
¿dónde me lleva?
¿dónde nos está llevando?
con este amor naciente,
que ha despertado.

¿QUÉ ES ESO TAN ESPECIAL QUE ERES TÚ?

Desde el momento en que nos conocimos,
el día en que te vi por vez primera,
hay algo acerca de ti,
que hace a la vida mágica.
Es este irresistible y
encantadoramente bello embrujo,
que esparces sobre nosotros
y que nos hace sentir felices, plenos y seguros.
Hay algo acerca de ti,
que lo colorea todo
que hace de cada amanecer,
un maravilloso comienzo,
y cada atardecer,
no solo un final glorioso,
sino también
un círculo continuo de alegría y felicidad.
Hay algo acerca de ti,
que siempre se siente fresco y renovado,
hay algo muy especial acerca de ti,
que despierta al amor y a la vida.
Y uno tiembla, se sonroja, y respira profundo
de pura felicidad.
Hay algo acerca de ti,
que se apodera de mi corazón,
haciéndolo tuyo para siempre.

LA VIDA, EL CARÁCTER Y LA VIRTUD

Nuestro carácter y reputación
son nuestra tarjeta y carta de presentación en la vida.
Son el legado y la estela que dejamos atrás.
Nuestro carácter <u>define</u>
no a quienes creemos que somos,
mucho menos lo que pretendemos ser,
sino lo que realmente somos,
en lo más profundo de nuestro ser.
Nuestro carácter es <u>respetado</u> cuando,
demostramos una honestidad inmutable
y una franqueza inquebrantable.
Nuestro carácter es <u>emulado</u> cuando
poseemos una ética incorruptible,
y emprendemos cada tarea
con rectitud intachable,
integridad indomable,
y poseemos un propósito existencial en nuestro espíritu,
un alma en vida y con significado.
Nuestro carácter es <u>reverenciado</u>
cuando estamos en posesión de
compasión sin límites, generosidad desprendida
y las más humildes de las sabidurías.
Nuestro carácter se torna <u>confiable</u> a través de
disciplina constante e inmanente,
es decir, del tipo que nunca falla y siempre está allí.
Nuestro carácter <u>crece</u> por medio de
perseverancia que nunca cesa o cede,
fuerza de voluntad de hierro,
determinación que nada la amilana

y la búsqueda insaciable
de la sabiduría, los conocimientos y la espiritualidad.
Nuestro carácter es genuino únicamente,
cuando perennemente ponemos en práctica,
nuestra inescapable capacidad de perdonar,
tanto a nosotros mismos como a los demás,
unida a una ineludible predisposición
a aceptar nuestras fallas,
así como a corregir, rectificar
y aprender de nuestros errores.
Nuestro carácter es puesto al descubierto,
cuando muestra cual es nuestra verdadera naturaleza,
incluyendo de qué estamos hechos por dentro,
cuando la vida y sus circunstancias
nos exigen y requieren de nosotros,
actos, gestos o acciones
que pueden involucrar
abnegación, sacrificios, renuncias o entregas
que ponen a prueba y en evidencia
de qué clase de fibra y calidad humana,
están hechos nuestros corazones.
Nuestro carácter se renueva perennemente
y permanece transparente y cristalino
a través de la inocencia sin manchas,
la candidez impecable,
la espontaneidad jovial y la ingenuidad ilimitada.
Nuestro carácter construye un legado a través de,
obras magnánimas, con empatía y ponderado buen juicio,
valor inquebrantable, esfuerzo sin vacilación,
determinación imparable, un ritmo incesante,
celo obsesivo, firmeza invariable,
talento desencadenado y una habilidad

inimitable e incomparable.
Nuestro carácter <u>trasciende</u> cuando,
estamos dispuestos y por siempre estamos,
enamorados de la vida, de todos
y de nuestro verdadero amor,
con pasión sostenida a través del tiempo eterno
que poseen nuestras vidas.
El estar vivo nos presenta incontables senderos que,
<u>en la búsqueda de la excelencia moral,</u>
<u>elevan nuestro carácter a su pináculo,</u>
<u>un estado de virtuosismo del cual</u>
<u>nunca hay nada por lo qué arrepentirse.</u>

ESPABÍLATE, SALTE DE LA SITUACIÓN

Hay momentos en la vida
que nos abruman y agobian de tal manera,
que se apoderan de nuestras entrañas,
y de repente nos estamos desmoronando por dentro
sin tener idea alguna de
como hacer frente a las circunstancias,
el momento o la situación.
Algunas veces,
son simplemente dudas que nos invaden,
o angustias que se esparcen por todo nuestro ser,
o sudores fríos y miedos paralizantes.
Otras veces el impacto
es más contundente y profundo,
ya que podemos estar llenos de dolor,
sufriendo por la pérdida de un ser querido.
Pero en la vida moderna,

los catalizadores que siempre prevalecen
son la presión y el estrés,
inducidos por el enorme peso
de las responsabilidades
que nos echamos encima,
en conjunto con el ritmo frenético
y neurótico de la vida que llevamos.
Pero que tal,
si ante ello,
¡simplemente nos espabilamos!
y nos salimos, rompiendo con la situación,
y lo hacemos dentro de nosotros mismos,
congelando las imágenes que nos rodean,
deteniendo la película existencial desde afuera,
simplemente congelándolo todo en nuestra mente.
Y así nos separamos completamente
de la circunstancia en la que estamos.
De esta manera podemos entonces
enfocarnos en lo que tenemos y no en lo que no,
así como, centrarnos en lo que poseemos,
no en lo que perdimos;
podemos así soñar en lo que deseamos,
visualizando cómo iremos tras ello
con todo nuestro ser.
Espabilémonos, salgamos de la situación,
hagámoslo dentro de nosotros mismos,
sin miedos ni dudas,
siempre recordando,
que las palabras renunciar
o abandonar a medio camino,
no existen en nuestro vocabulario.
Salgámonos entonces de la situación,

Poesía en equilibrio

dentro de nosotros mismos,
automáticamente, desde el momento
en que surjan las circunstancias,
hagámoslo sin demora,
ya que hay que atraparlas al principio
y antes de que estados de ánimo venenosos
y paralizantes, se apoderen de nosotros.
Ahora relajémonos,
dejemos a la situación irse de nosotros.
Contemplando calmadamente
a las imágenes que hemos congelado,
desde afuera.
Y mientras descompresionamos
nuestra mente y espíritu,
Empezaremos a entender cuales son
los mecanismos que hemos utilizado
para sobrellevar el estrés, la angustia
y el miedo que la vida
moderna causa y conlleva.
¿Cómo lo hicimos?
¿Enfocándonos en una sola cosa y nada más?
De ser así entonces lo hicimos
en un estado contemplativo, o acaso
¿Lo hicimos simplemente estando conscientes
y apartándonos de la situación?
o lo hicimos a través de congelar
el momento o la circunstancia,
deteniendo en nuestras mentes
el quehacer cotidiano
y congelando la imagen o la película existencial.
O acaso ¿La hicimos con todas ellas?
Por último, en el análisis

de como logramos salirnos de la situación,
es relevante únicamente
en cuanto al tipo de sendero,
que tomaremos la próxima vez,
y lo que realmente importa,
es que ahora sabemos como espabilarnos y
salirnos del momento y de la situación.
Por ende, en lo adelante sabremos también
cómo conquistar
las circunstancias de la vida,
antes que ellas nos conquisten a nosotros.

EL DESHOLLINADOR

En una noche oscura y sin luna,
El deshollinador lo contempla todo
desde los techos inclinados
de la ciudad dormida.

Y en una concurrencia eterna
del magnífico universo,
millones de estrellas brillan por todo lo alto
y adornan como bellos ojos titilantes
el cielo nocturno,
con resplandecientes destellos
e infinitas tonalidades de blanco
que iluminan todo.

Con su labor ya completa
habiendo limpiado y destapado
las chimeneas y los espíritus
de los habitantes de la gran metrópolis,
El deshollinador está a la espera

del espectáculo que está por comenzar.
Mientras la gran ciudad
cae en un sueño profundo
sus puntos de partida,
sus puertos de salida,
y sus plataformas de lanzamiento
están listas,
libres de escombros,
impedimentos y obstáculos.
La metrópolis y sus habitantes
están listos para empezar a soñar.
Y así es como empiezan,
primero unos pocos, luego una avalancha,
los sueños de la gente
salen disparados a toda velocidad
e ininterrumpidos, desde las chimeneas
hacia el cielo de la noche,
volando como proyectiles,
directo hacia el firmamento y el universo,
y en ellos van los sueños
de los habitantes de Londres
mientras estos duermen,
en camino hacia el espacio eterno,
y en dirección a los ojos vigilantes
de millones de estrellas,
que por ellos esperan de manera infinita,
en los confines del universo
donde los sueños residen por doquier.

La Fe

La fe es una fuerza celestial que invocamos deliberadamente para profesar nuestros credos con intensidad incontable.
La fe transforma nuestras creencias en una fuerza interna imparable
que se convierte en nuestro motor espiritual y nos dota con una bondad continua y un alma generosa.
La fe es la conciencia del espíritu y la razón del alma.
La fe es la fuente indispensable para una vida con sentido.
La fe es vasta y compleja, ya que desde sus raíces contiene preguntas existenciales que no tienen respuesta, tales como el enigma de la creación y el misterio del llamado a servir al creador por vocación divina.
La fe es la reafirmación de que aún cuando hay interrogantes acerca del origen de nuestro universo para los cuales no tenemos explicación, ni tenemos prueba de como fue creado, ni donde vamos después de nuestro viaje por el planeta tierra, decidimos, de todo corazón y empecinadamente, creer en la existencia del creador
de todo lo que nos rodea, inclusive de nosotros mismos.
La fe también es amor incondicional, la creencia inmutable, indetenible,
empecinada, indomable que no cabila, vacila o titubea,
en que hay una razón y propósito para nosotros estar aquí dictada por nuestro creador.
Cuando tenemos fe atraemos lo etéreo en todas sus dimensiones espirituales hacia nuestro planeta Tierra.
<u>La fe es</u> a veces <u>individualista, ciega</u> o <u>mal canalizada</u>.
En esas ocasiones, la vida nos da señales de cautela a través de alarmas que se disparan y presagian desgracia, peligro

y fatalidad por venir, a las cuales tenemos que prestarles atención, ya que nos anuncian el nefasto e inevitable resultado por venir.

La fe individualista que profesamos aislados en un cascaron en un mundo a quien nadie le importan los demás sino únicamente ellos mimos, se convierte en algo vacío y falso. La fe individualista prospera detrás de escudos y muros hechos de debilidades e inseguridades, erigidos para creer una separación con el mundo exterior a través de sentimientos de lástima por nosotros mismos, además de creencias egocéntricas que no son sino visiones tubulares de nuestra mente, iguales a los espejismos de un desierto. El mundo de las sombras, tinieblas y la más absoluta oscuridad nos espera cuando la fe es ciega. Esta, sin un periscopio hacia la superficie puede llevarnos por caminos llenos de consecuencias peligrosas y no deseadas.

Cuando la fe es mal canalizada, la vida rápidamente pierde su compás y propósito. Sin timón, ni dirección somos propulsados hacia pasiones ficticias, creencias falsas y trayectorias tambaleantes, donde, si las circunstancias prueban ser dañinas o perniciosas, la fe se nos convierte entonces en una locomotora fuera de control que inexorablemente se descarrila, estrella y explota en llamas. Por el contrario, la fe es auténtica cuando se origina y es llevada a cuestas por la virtud, por nuestro creador o ambos. Ninguno de nosotros nacemos en fe o virtud, ambas tienen que ser adquiridas y las dos crecen y se desarrollan juntas, alimentándose la una de la otra, llevadas por nuestras creencias.

Y la fe en particular, se añeja con el tiempo como un buen vino a través de nuestra empecinada determinación de ir en búsqueda, a través de un esfuerzo intenso y disciplinado, de

la virtud y la excelencia, nos levantamos, nos elevamos.
Cuando tenemos fe,
vemos luz en las tinieblas,
damos amor cuando hay odio,
proveemos compasión
cuando hay sufrimiento y dolor,
proveemos la cura cuando hay heridas,
mostramos lealtad cuando hay traición,
reconciliamos con entusiasmo
cuando hay conflictos,
estamos siempre dispuestos a perdonar
cuando hay dolor,
nos sacrificamos y abnegamos
por aquellos que lo necesitan más,
nos levantamos a la altura de la situación cuando las
cosas no pudieran estar peor, nos adaptamos, concedemos
y acomodamos cuando las circunstancias lo requiere,
siempre somos austeros, humildes, agradecidos y anónimos
en nuestras obras y acciones, nuestro corazón es puro y
cristalino, feliz y pleno y confiamos ciegamente en lo que
nuestro creador nos enseña y espera de nosotros.
Cuando tenemos fe aclamamos a la humanidad y a la vida,
elevando nuestra existencia al llamado celestial a servir,
uno que adquirimos a través de nuestro credo y nuestra
conversión, a través de un propósito noble de espíritu y de un
significado llevado por la mano de Dios a nuestra alma.

SUSURRÁNDOLE A TU CORAZÓN

¿Qué es eso tan especial que eres tu?
Eres especial porque eres única e inimitable,
eres mágica porque encantas todo con tu varita,
eres bella como lo es tu corazón,
eres grande como los son tus sentimientos,
eres un embrujo divino
como los son tus pasiones,
eres firme tanto como eres leal,
eres tan sólida como lo es tu fidelidad,
eres tan constante porque siempre perseveras
y tu consistencia nunca cesa ni deja de ser.
Eres sincera, genuina y honesta
porque no importa lo que digas
o lo que te digan,
siempre sigues a tu corazón.
Eres fuerza ilimitada llena
de coraje e integridad,
eres tan valiente que derrotas
a los miedos,
una y otra vez, sin parar.
Eres linda en las mañanas,
preciosa en el atardecer
y más aún en el anochecer,
porque tu espíritu y tu alma
son bellos a más no poder.
Eres alegría espontánea
porque estás llena de candor
y total ingenuidad,
y aun en tus tristezas estás llena
de dulzura y eterna bondad.

Eres noble porque siempre estás
presente contra viento y marea,
y tienes un aura eterna hecha
por los ángeles del cielo,
y un escudo impenetrable
que siempre te protege,
hecho por un meteorito
y un hada madrina,
que están allá arriba en el cielo,
y una roca que te cuida
y te guía aquí en la tierra
y que siempre está a tu lado.
Todo esto eres tu Victoria,
mi luz, mi compañera de viaje,
con quien comparto mi alma y corazón,
te quiero y te amo,
por siempre tuyo,
Erasmus.

La vida, la evolución y el cambio entre nosotros

Dos de los estados y condiciones mas fundamentales y vitales en nuestras vidas son medidas por cada movimiento marcado hacia adelante por las manecillas de nuestro reloj existencial.

El tic tac corroboratorio de la manecilla más grande y rápida es aquel de los sonidos del cambio, y el tic tac de la manecilla más corta y lenta valida los sonidos de la evolución.

Si a través de sus tics tacs la manecilla de los minutos se mueve, la manecilla de las horas lo hace también.

Si el cambio es la transición de un estado a otro en el cual se propicia el progreso, entonces la evolución es una serie de cambios dirigidos en los cuales se genera el desarrollo.

Si el cambio son puertas que se abren, la evolución nos mantiene adentro del nuevo lugar.

Si el cambio es la persecución de algo nuevo, diferente y quizás renovador, la evolución es la materialización de tales hitos.

Si el cambio es el final o la transición de un paradigma, la evolución es el que lo reemplaza.

Si el cambio requiere de deseo y fuerza de voluntad, la evolución es por si sola evidente.

Si el cambio puede generar segundas oportunidades, la evolución es una segunda oportunidad por sí misma.

El cambio perdura y es más efectivo cuando va acompañado por la conciencia y recompensado por la evolución.

Cuando el cambio es humilde y modesto es real y con toda probabilidad evolucionamos.

En el cambio todo fluye y es flexible al contrario de los dogmas que siempre son inducidos a través de conjuntos de creencias rígidas y extremas; entre ellos son como agua y aceite.

La evolución es el filtro que les separa.

El cambio es fácilmente medible en magnitudes, ocurre por temporadas y ráfagas. La evolución es igualmente cuantificable pero es constante y transita a través de todas las estaciones.

Cuando cambiamos en razón de otros, nuestro corazón reina y cambia también y la evolución se refleja a través de nuestro nuevo y renovado corazón.

Cuando las circunstancias o los demás son los que nos cambian, la existencia o ausencia de evolución como consecuencia es la incontrovertible evidencia de que el cambio es para bien o para mal.

El cambio es fructífero cuando ocurre a través de actos de conciencia, la evolución son los frutos de tales comportamientos.

Cambiar la verdad requiere honestidad y la evolución es la validación del tópico.

Monstruos pueden nacer del cambio cuando este se mezcla con la afluencia, la avaricia por las cosas materiales, la ambición y el poder, en esos casos, en vez de evolucionar vamos marcha atrás en una caída libre en picada que tiene un solo final: mal cambio sin evolución alguna.

El cambio también puede ser oportunista y circunstancial o puede ser deliberado y consecuencial, de práctica contante y preparación a rabiar, pero su ejecución y validación son esencialmente las mismas, siempre y únicamente a través de la antigua y confiable herramienta existencial de la evolución.

Cuando cambiamos es porque intencionalmente queremos transferir, romper, pasar, desvestir, mutar, alterar, modificar, trasformar, convertir, variar, substituir, intercambiar, reemplazar, cambiar de lugar, estatus o condición, romper con creencias, credos o normas, cambiar o desviarnos de nuestro carácter habitual, secuencia, o condición e insurgir, diverger o saltar en contra de lo prescrito.

Pero todo esto sucede solo a través de la evolución.

El tiempo no constriñe al cambio sino por las circunstancias oportunas, la evolución es la recompensa por buscar el cambio en el momento adecuando.

El cambio es propulsado por la virtud cuando está fundamentado en la moral, la ética y la persecución de la excelencia. La evolución es la adquisición de tales virtudes.

El cambio ocurre, es reconocido y valorado cuando no alardeamos o nos ufanamos de él, y la prueba de nuestro ejemplar comportamiento o no yace en la ausencia o presencia de la evolución como consecuencia de nuestras acciones.

El cambio requiere de coraje y valor porque le tenemos miedo a cambiar, por eso su resultado es la evolución, la cual representa nuestra medalla de honor.

A través del cambio y la evolución nuestra vida nunca se estanca, por el contrario, siempre se mueve hacia adelante, renovándose constantemente en un estado perennemente fluido y sin parar.

Si acogemos el cambio estamos en armonía con las leyes de la naturaleza y las reglas de la vida, además le damos la bienvenida a una de las dimensiones claves del universo como es la constante e infinita transformación, y en donde los sonidos del cambio y los vientos de la evolución marcan el paso del tiempo, inexorablemente, siempre hacia adelante y sin desviación alguna.

LOS MAGOS DE LA VIDA

Si quieres saber dónde encontrar a los magos de la vida, préstale atención a aquellos que han vivido lo suficiente y sin embargo todavía conservan corazones cándidos e inocente.

Sus espíritus son genuinos, juguetones y aún son unos niños por dentro.

Sus almas son gentiles, están impregnadas de bondad y fe, sus intenciones son siempre nobles y transparentes y no hay ni siquiera un ápice de malicia o premeditación en ellas.

Sus personalidades están llenas de actitudes extraordinarias, como la espontaneidad, la ingenuidad, la inspiración, pero sobre todo, amor a la vida y a todos los demás.

Estos magos de la vida se ríen lo suficiente, a menudo y con ganas.

Le sonríen a todos y a todo, sea mínimo, profundo o simplemente sin que haya motivo alguno.

Son generosos y dadivosos, con paciencia y tolerancias limitadas. Siempre están dispuestos y listos a brindarnos su tiempo, ayudar, asistir, educar y a rescatarnos cuando más lo necesitamos.

Siempre están al servicio de otros.

Los magos de la vida son también modestos y sabios.

Y esto les permite no tomarse a nada ni a nadie demasiado en serio, siempre buscando el lado más ligero, brillante y favorable de la gente y las cosas.

Además, son aquellos con quienes siempre podemos contar, en quienes nos podemos apoyar, siempre dignos de nuestra confianza y quienes nos proveen de techo y cobijo en las peores circunstancias y tempestades.

Estos hechiceros de la vida residen en un mundo donde cada momento y persona son preciosos e irreemplazables.

Sus reacciones son siempre comedidas, como si presumir la buena fe y otorgar siempre el beneficio de la duda sea algo natural en ellos, porque son parte de su esencia como seres humanos.

Y su benevolente, perenne y buena disposición, además de su inexorable alegría, usualmente se originan en la fortaleza de sus caracteres, la riqueza y bondad de sus corazones.

Adicionalmente, poseen un compás infalible porque se auto-regulan constantemente, esto les permite encontrar siempre el rumbo acertado y así poseer un perenne y certero buen juicio.

Además, esto les permite actuar y reaccionar con clase y gracia, independientemente de las circunstancias o de los demás.

Este tipo de compañeros excepcionales en el viaje de la vida siempre se elevan sin esfuerzo aparente por encima de lo mundano, pero sobre todo, sus actitudes frente a la vida nos dicen que sin importar cuánto han vivido, siempre existen aquellos que de alguna manera logran filtrar y bloquear todos los venenos del espíritu, el alma y el corazón que podamos encontrarnos en los senderos de nuestra existencia.

Los magos de la vida son fáciles de detectar o identificar pero son difíciles de valorar o vivir lo suficiente con ellos, ya que inadvertidamente nos hacen sentir inadecuados y ese es precisamente nuestro reto, el cómo aprender y emular a estos hechiceros cuando sus intensas luces internas hacen lucir las nuestras opacas y oscuras.

Así que presta atención a estos campeones de la vida que saben cómo mantener todo en equilibrio y consideran a todos y a todo invalorables.

Aprende y mantente cerca a estos excepcionales compañeros de viajes, magos de la vida que poseen la fórmula mágica de cómo vivir una vida feliz con un corazón candido e inocente.

Ya que estas almas sabias no son fáciles de encontrar, valorar o emular y rara vez se nos presentan en la vida.

El viaje de la vida

Viajamos a través de la vida desde el momento en que arribamos al planeta Tierra.

Donde quiera que estemos, sea lo que hagamos, caminamos hacia algún lugar ya que siempre hay un destino final.

Pero nuestra vida reside en el viaje no en la destinación.

De tantas maneras la vida es como los magníficos océanos, vastos pero peligrosos.

Nuestros viajes son los rumbos, los senderos que seguimos y las estelas que dejamos atrás, siempre acompañados por otros viajeros que se nos unen en el camino y nosotros somos la nave que los recorre sin parar.

De todos los compañeros de viaje algunos son mejores que otros, a muchos tenemos la capacidad de elegirlos, pero a otros no, algunos están con nosotros por siempre, otros se van quedando en el camino, pero los más cercanos, leales y queridos, son aquellos que permanecen con nosotros en espíritu y alma por siempre.

Nuestra nave de viaje es sólida, recia y resistente, pero si adicionalmente le tenemos confianza, la conocemos al detalle, le damos mantenimiento, la conducimos, la llevamos y queremos bien, entonces nuestro barco será capaz de resistir cualquier tormenta que la vida nos arroje encima sobre la mar.

Nuestros viajes ocurren porque buscamos conocer todos los océanos de la tierra, estando totalmente conscientes y a sabiendas de que hay innumerables lugares a descubrir, y aún mucha más gente por conocer.

Hay momentos en la vida donde parecemos volar por arriba de los océanos, hay otros por el contrario donde caemos y nos hundimos hasta el fondo del mar.

Tal y como en la vida, en un viaje a través del océano llegamos a innumerables puertos y destinos, algunos bellos como una postal, otros llenos de riesgos y peligros de todo tipo.

Algunas veces gloriosas playas de arena nos esperan, en otras oportunidades nuestros destinos son insufribles y exigen de nosotros sacrificios de magnitudes insuperables.

En algunas ocasiones los mares son calmos y ellos nos permiten navegar en paz y tranquilidad, en esos días preciosos, el sol es gentil y las aguas que caen del cielo son solo lloviznas.

En ciertos momentos los océanos parecen felices y llenos de gozo, durante esos días los sonidos del mar parecen un concierto extraordinario, con cada instrumento tocando música inspirada en la vida misma, mientras el cielo brilla pintado de colores con tonos llenos de gloria y alegría.

Poesía en equilibrio

En esas circunstancias parecemos flotar o caminar sobre el agua, dominando las olas al correrlas, controlando el viento a vela y disfrutando del fondo del mar al sumergirnos.

En esos días nos llenamos de regocijo, celebramos a los océanos y el viaje de la vida se convierte en un paseo lleno de felicidad, el cual deseamos que nunca se nos vaya a acabar.

Pero hay instancias donde casi no podemos mantenernos a flote, mucho menos nadar, Mientras los mares nos succionan hacia abajo como si fuéramos sus lastres de mayor peso.

En esos días los océanos lloran llenos de dolor al chocar contra las rocas, y los cielos suenan como tambores y lamentos tristes con colores opacos hechos de penas profundas,

En esos momentos todo parece estar lleno de tristeza y nostalgia, pero aún así nosotros resistimos, al final casi siempre vencemos y de ser así pronto llegamos a un nuevo día en el cual podemos vivir de nuevo.

A veces cuando nos llegan frentes con mal tiempo, después que han pasado nos damos cuenta que, una buena preparación, suficiente prudencia y prevención, podrían o seguramente lo habrían evitado todo.

Así que, la vida en el último análisis es un gran y enorme viaje que puede ser duro, difícil y desafiante.

En ocasiones el océano y los elementos de la naturaleza pueden mostrarnos súbitamente todas sus fuerzas y fortalezas, como si tuvieran furia y rabia saltándole de sus venas.

Cuando esto sucede nos enfrentamos a ellos, peleamos, la mayoría de las veces los derrotamos y los conquistamos a través de nuestra capacidad de aguante y tolerancia, nuestros deseos de superarlos, sobrevivirlos y perdurar sobre ellos.

Los océanos pueden transformarse y convertirse en monstruos mortíferos. En solo pocos segundos sus olas parecen destructoras voraces de todo lo que se les atraviesa y esté a la vista, es por ello que no hay pilotos automáticos en la vida, ni nunca podemos dar por garantizada, la travesía segura de nuestra nave.

Por ello es que en un viaje de la vida bien llevado, siempre apreciamos los buenos días en contraste con los malos, ya que nunca sabemos cual vendrá primero, antes o después. En el viaje de la vida experimentamos el nacer y el amor, la muerte y la esperanza. El triunfo y la derrota. La fe y la duda. Lo maravilloso y lo exuberante. La magia y la realidad. La construcción, la destrucción y la reconstrucción. El genio y el talento. Las risas y los llantos. La mediocridad y los esfuerzos infatigables. Las celebraciones y los lutos. La fama y el repudio. La verdad y las falsedades. El bienestar y el dolor. El perdón y la traición. La tragedia y la renovación. La pasión y la humildad. Los fracasos y la redención. Y cada uno de ellos vive en nosotros en cada clase de días, climas y mares. Y mientras el viaje continúa, aprendemos una y otra vez que únicamente el amor, la fe, el coraje, la experiencia, la sabiduría y la esperanza son nuestros salvoconductos a través de los malos momentos y lugares.

El círculo de la vida es de hecho un viaje, que viajamos infinitamente y sin parar, volando fácilmente por arriba, o con dificultad por debajo, a través de mares calmos o en furia desatada, con sol brillante o ausente, bien llueva, truene o relampaguee, a través de incontables puertos
y con compañeros de viaje,
que nos llegan en el camino,
viajamos incansablemente y sin parar,
desde el principio hasta el final
con un espíritu inconformista y aventurero
y con un alma gitana, indomable, insaciable y curiosa a todo dar.

LA RIQUEZA, LA FAMA Y EL AMOR

De una manera u otra,
todos andamos detrás
de la riqueza, la fama y el amor,
y en este exacto orden de importancia.
Pero estas ilusiones existenciales,
no siempre se nos presentan en el orden prescrito
o están sujetas a elección.
Por el contrario,
la realidad es que nunca sabemos
cual se nos aparecerá primero,
ni siquiera si alguna de ellas se nos hará presente jamás.
Pero si lo hacen,
nos encontraremos con una de las más
sorprendentes incógnitas existenciales,
y es que aquello que buscamos con tanto afán,
no solo nos elude
sino que usualmente lo alcanzamos
a costa de alguna u otras cosas más.
Es así, como lo que sucede a menudo es que
cuando nos hacemos ricos y famosos,
esto ocurre a las expensas del amor,
o cuando nos llega el amor, viene sin riquezas o reputación,
o el buen nombre nos llega sin dinero ni amor,
o nos hacemos ricos a costa de las otras dos.
Más aún, lo que no es obvio ni aparente,
es que los tres espejismos de estas tres ilusiones,
las cuales perseguimos con tanto deseo y determinación,
nos llegan a las expensas de otro conjunto de virtudes,
todas ellas cruciales en nuestras vidas.

Ya que cuando perseguimos la riqueza,
sacrificamos la austeridad
y con ellos corremos el riesgo de perder nuestra capacidad
de apreciar el verdadero valor de la gente
y todo lo que nos rodea,
o peor aún, podemos volvernos incapaces
de valorar las cosas y detalles más sencillos de la vida,
especialmente aquellos nominalmente escasos
en magnitudes cuantificables.
Y cuando vamos tras la fama y la reputación,
corremos el riesgo de que nada acerca de nosotros sea
anónimo
y creemos en nuestra propia ficción acerca de la importancia
banal
de lo que los demás piensan acerca de nosotros,
convirtiéndose en un tema obsesivo
que se torna más importante que la realidad misma
de quienes somos en realidad.
Falsamente el anonimato se vuelve así un sinónimo
con la falta de logros o el ser una persona fracasada
y todo lo que hacemos, trabajamos o logramos,
se adhiere perniciosamente a nuestro nombre y ego.
Pero el riesgo más grande que corremos con la fama
es que todo lo que hacemos en la vida,
por nosotros u otros,
se torna de algún modo o manera
en algo dirigido o condicionado
por lo que otros piensan, cómo reaccionan
y cómo se comportan.
Por lo cual perdemos parte o todo nuestro sentido de
identidad,
ya que los actos más puros y auténticos en la vida,

que son los actos de la consciencia,
donde solo nos rendimos cuentas a nosotros mismos,
se nos escapan y somos totalmente ajenos a ellos.
Pero la más difícil de nuestras ilusiones existenciales es el amor
ya que al entregar parte o todo nuestro ser a otro,
corremos el riesgo de perder nuestra libertad.
El amor es un compromiso de dos almas,
donde cada una cede y entrega parte de sí misma,
y allí nace una pareja.
Pero la unidad de dos es algo aparte e independiente
de cada individuo por separado,
y el balance entre la individualidad de cada uno y la pareja,
aún cuando puede ser alcanzado,
es muy difícil de lograr,
y más aún de mantener,
ya que el problema yace
en que la auto-determinación y la libertad
no son muy compatibles con el amor,
porque toma mucha madurez y tolerancia
para que ambas puedan coexistir.
Es quizás el amor verdadero
donde las fronteras en una pareja se mezclan mejor.
Esto ocurre cuando la libertad,
en vez de ser un obstáculo,
es de hecho el lazo
que une al amor auténtico.
Y esa conexión sublime y vital
no se mantiene en base a murallas y paredes
de inseguridad y posesión
sino a través de la añoranza natural, cómoda y espontánea
por nuestra otra mitad,
y la certeza de pertenecer inmanentemente al corazón del otro.

¿Es acaso que lo único que hacemos en la vida,
es perseguir estas tres ilusiones existenciales?
¿Es acaso esto lo único que somos capaces de hacer en la vida?
¿Acaso son solo ellas, tres espejismos?
¿Sacrificamos acaso austeridad cuando vamos tras la riqueza?
¿Perdemos el anonimato y nuestra identidad cuando vamos tras la reputación y el buen nombre?
¿Perdemos la libertad y la autodeterminación cuando vamos tras el amor?
Quizás antes de ir tras las riquezas
deberíamos primero aprender a ser austeros,
para conocer el verdadero valor de las cosas
y la preciosidad que hay en cada ser humano.
Y deberíamos aprender primero,
a ser humildemente anónimos y comedidos
para así valernos de nosotros mismos
y que todo lo que hagamos no dependa de nadie,
mucho menos de lo que dicen los demás,
sino únicamente de lo que dice nuestra consciencia,
antes de ir tras la fama, que siempre está basada
en lo que los demás piensen de nosotros
y no en lo que nosotros realmente pensamos de nosotros mismos.
Y podríamos aprender acerca de la libertad
y la autodeterminación primero,
idealmente antes de que el amor verdadero nos toque a la puerta
y nos enganchemos con otra persona,
ya que así seremos capaces de balancear
la pareja emergente con la individualidad

y el sentido de ser cada uno.
La vida es un espejismo con tres grandes ilusiones,
la riqueza, la fama y el amor,
las cuales requieren un balance muy delicado entre ellas,
para no perjudicar una
a costas de las otras,
la austeridad, el anonimato y la libertad,
ya que las requerimos a ellas también
para una vida plena, balanceada y feliz.

LA FAMILIA, LAS VERDADERAS AMISTADES Y EL AMOR

En todos los asuntos de familia, la verdadera amistad y el amor
residen, además de los lazos que nos unen,
en todos aquellos a quienes queremos demasiado,
ya que son los más cercanos a nuestro corazón.
La cercanía tan próxima y la indivisible unidad
de esos tres lazos existenciales,
son algunas de las fuentes más importantes
de fortaleza y felicidad en nuestras vidas.
Pero nunca podemos tener cuidado suficiente,
ya que la proximidad con nuestros seres queridos
no son inmanentes,
por lo contrario tienen que ser merecidas y obtenidas,
a través de esfuerzos y sacrificios diarios y continuos,
que hacemos en nombre de nuestra familia,
los verdaderos amigos y el amor.
El poder y la fortaleza de estos lazos,
se origina en nuestra habilidad de permanecer unidos
como un bloque, sin considerar nada o nadie.

La felicidad emerge de la intimidad que se origina
por vivir una vida plena, en proximidad,
con aquellos que son cercanos a nuestro corazón.
Todo lo que hacemos en asuntos de familia,
los verdaderos amigos y por amor,
se originan en los actos de conciencia,
donde rendimos cuentas únicamente a nosotros mismos
y actuamos solo porque nuestras conciencias
así lo dictaminan,
no por lo que aquellos más cercanos a nosotros,
hacen o piensan o quieran.
Pero los limites o fronteras entre lo que debemos hacer
o lo que se espera de nosotros y viceversa,
en asuntos de la familia, la amistad verdadera o el amor,
son como máximo tenues, difíciles de distinguir o precisar
o más probablemente blancos en movimiento
o arenas movedizas.
Esto a menos de que estemos dispuestos o seamos capaces
de formular y enunciar una declaración,
en cierta manera un manifiesto,
que nos vista de un manto sagrado,
consistente en estos tres invalorables lazos existenciales,
y al mismo tiempo,
algo que deje grabado en la piedra con suficiente claridad,
qué es lo que perseguimos.
El manifiesto enuncia los siguientes principios y
aspiraciones:
Juntos,
amamos sin límite con toda la fuerza de nuestros corazones,
somos fiera e infinitamente leales,
siempre defendemos y preservamos la unidad entre nosotros,
siempre nos comportamos con impecable dignidad,

siempre protegemos y mantenemos la integridad de nuestro honor, siempre rezamos incesante y humildemente en la práctica de nuestra fe, siempre atesoramos cada una y todas las preciosas e inolvidables memorias y momentos de nuestras vidas, jamás abandonamos ni renunciamos al poder de la esperanza, y nunca, nunca dejamos asuntos por terminar, ni renunciamos o saltamos de la nave, nos escapamos, flaqueamos, titubeamos, vacilamos, rompemos rangos o voluntariamente dejamos a alguno de los nuestros abandonados o por detrás.

Fallamos y caemos juntos, pero nos levantamos todos de nuevo y a la vez, una y una y otra vez, de nuevo siempre y sin chistar.

Y así, cuando los senderos de nuestras vidas se trazan, definen y desenlazan en esfuerzos tangibles de superación personal, logros deliberados o proyectos en marcha.

Juntos, cultivamos, preparamos, apoyamos, exaltamos, motivamos, creemos en, asistimos, levantamos, aupamos, establecemos, guiamos, tutelamos, aconsejamos, dirigimos, nos mantenemos al lado de, inspiramos, somos el ejemplo de, apoyamos, elogiamos, enseñamos con paciencia ilimitada y especialmente siempre estamos allí disponibles a cualquier hora para lo que pudiésemos ser necesitados.

Cuando en otras circunstancias la vida requiere de nuestra intervención e involucramiento
actuamos juntos rápida y decisivamente y nos enfrentamos, amonestamos, reprendemos, reclamamos, protestamos, refutamos, disentimos, contradecimos, nos oponemos, prevenimos, salvamos, evitamos, cambiamos de dirección, rectificamos, escuchamos en detalle y bien, más aún, si está bajo nuestro control lo prohibimos de todas sin titubear.

En otras ocasiones somos puestos a prueba por dentro y por afuera, y nuestras virtudes y valores, especialmente nuestra integridad y capacidad de dar, son desafiadas al máximo, en estos momentos, por encima de todo, enarbolamos la resplandeciente bandera de la verdad, esperamos con paciencia ilimitada, siempre estamos listos a responder, tenemos una tolerancia inquebrantable, actuamos con compostura y moderación, estamos listos a dar y compartir lo que tenemos y de manera predecible cumplimos con todas nuestras promesas y compromisos actuando siempre con respeto y valorando a los demás.

Cuando cometemos errores, actuamos compungidamente, corregimos, nos arrepentimos, buscamos el perdón y estamos siempre listos a perdonar y ser perdonados.

La etiqueta, el decoro y el verdadero respeto no solo se esperan sino que se requieren de nosotros, por lo tanto, nunca gritamos, maldecimos, humillamos, insultamos, derogamos, herimos, hundimos, buscamos venganza, juzgamos o criticamos a otros. Por el contrario buscamos ser el ejemplo actuando siempre humildes en nuestras palabras y comportamiento.

Perseguimos la austeridad, la modestia, la discreción y la moderación.

El guiar y educar a las nuevas generaciones es nuestra responsabilidad; por ello, siempre estamos enseñándoles y los proveemos, los entrenamos, enseñamos, les inculcamos y asignamos responsabilidades, haciéndoles rendir cuentas por ellas posteriormente y además invertimos tiempo el uno en el otro.

Pero por encima de todo no perdemos la perspectiva acerca de las pequeñas cosas de la vida.

Sea dulce, doloroso o agrio, siempre decimos la verdad, nos

reímos y disfrutamos. Nos sonreímos y divertimos, gozamos
y compartimos la felicidad.
Y juntos aclamamos y celebramos la vida con la familia, los
verdaderos amigos y el amor.

UN VERSO EN EL PANTEÓN DE LOS POETAS

Las hojas caen
en el panteón de los poetas,
y allí veo
con los colores de otoño
tus ojos brillar.

El silbido de la suave brisa
acompaña al espíritu
de la "Big Apple",
mientras se esparce
a cada rincón
de la gran metrópolis.

El parque esta impregnado
con tonos infinitos,
amarillos y naranjas,
y por que no,
algunas tonalidades de rojo, también.
Todo esto al parecer,
solo por y para ti, amor mío.

Es en este recodo sagrado,
donde tu sonrisa resplandece al máximo
y cuando llena de sueños,

te das cuenta que tu corazón,
ya no te pertenece,
porque se lo ha llevado,
un romance de otoño,
el espíritu del Parque Central
y mío mismo,
mientras recito este verso
hecho de preciosas hojas otoñales
y de mi postrados corazón y alma,
mientras sucumbo por ti mi amor,
en este,
el panteón de los poetas
que en este momento,
es solo tuyo y mío.

LA VIDA COMO UN CIRCO

La vida es como un circo
donde los mismos y exactos personajes
saltan de las páginas de un libro.
Estamos rodeados de maestros de ceremonias
que mueven todos los hilos, construyen y controlan
a nuestra civilización.
Por otro lado están los acróbatas,
como los equilibristas o trapecistas,
quienes desafían la gravedad
y ejecutan piruetas que nos dejan boquiabiertos
como parte de sus rutinas diarias,
o los magos ilusionistas
quienes nos hacen creer
en las cosas que aparentemente no son ciertas,

a través de sus habilidades y capacidades
de soñar, visualizar, mejorar o aumentar
la realidad mundana,
y aún algunos se atreven
y la convierten en algo real,
causando enormes avances y progreso
en la evolución de la sociedad.
Luego están los predigitadores y malabaristas,
con su maestría y destreza
para manejar y controlar a la perfección
múltiples faenas a la vez,
como si fuese algo natural y fácil de ejecutar.
Ellos son los que operan, arman,
ensamblan y mantienen
las máquinas y motores
de nuestra civilización,
a los efectos de poder sobrellevar
los retos de un mundo moderno
complejo y terriblemente exigente.
Pero igual de importantes
son los domadores de las bestias,
que controlan
a los que rompen las reglas
de la sociedad y a los incivilizados
a los efectos de mantener
el orden y la paz social,
y hacer cumplir
las leyes del hombre, la raza humana y la sociedad.
Están también los traga-espadas y traga-fuegos,
quienes desafían el peligro y hasta la muerte,
con cada uno de sus movimientos o lanzamientos,
a ellos usualmente les damos las riendas,

los controles de mando o el timón,
ya que confiamos en sus destrezas,
así como en sus ensayos, preparación y prácticas sin fin,
para llevarnos sanos y salvos a nuestro destino,
ya que sus actos no permiten
pasos en falso o malas decisiones,
sino exactitud y precisión absoluta en su desempeño y
ejecución.
Y también están los hombres bala
a quienes les gusta vivir
a través de detonaciones y explosiones.
Sus viajes sin rumbo
son la droga por la cual se desviven,
por eso viajan montados en una bala
están dispuestos a llevar la vida a su límite,
solo por un vuelo de pocos segundos
y aun cuando su trayectoria
inevitablemente termina
en una situación en donde
se estrellan y se incendian
sin dejar ni siquiera una estela existencial.
Y por supuesto están los payasos,
siempre detrás de la broma o el chiste,
bien a través de hacer el ridículo,
lo burlesco, grotesco o vergonzoso.
Ellos siempre están a la caza
del lado más ligero de las cosas,
así como tras las risas y sonrisas,
de las cuales nunca hay suficientes en la vida.
Por otro lado están los espectadores,
quienes son los testigos, jurados y jueces,
que aprueban o reprueban el espectáculo,

que tiene lugar en un anillo.
Consecuentemente son exigentes y opinionados,
con todo lo que ven, además nunca se pierden detalle alguno
y a veces hasta pueden cambiar
la dirección forma o contenido
de los actos y aun las funciones de la vida en un circo.
Al igual que los niños nunca olvidan
la primera vez que fueron a un circo,
el espectáculo más grande sobre la tierra
también conecta con el niño que todos llevamos dentro.
Y esto ocurre porque en un circo
somos testigo del espectáculo de la vida
sin prejuicios, sin reglas sociales, filtros o la vida cotidiana.
El espectáculo del circo nos muestra
a sus artistas en el uso de sus mejores talentos,
cándidamente expuestos, ejecutando actos
que nos impresionan por su dificultad,
que aun cuando son practicados de antemano,
son tan peligrosos y riesgosos,
aparentemente hasta imposibles,
que nos regocijamos al verlos,
con exuberancia infantil.
Y tal como los demás lo hacemos en la vida,
los artistas de circo vienen de todo tipo de lugares y oficios,
pero todos ellos tienen algo en común,
que los espectadores reconocen, aspiran y desean:
todos ellos hacen lo que aman y les apasiona hacer.
Los artistas alcanzan sus impecables niveles de ejecución
a través de un deseo y motivación excepcionales,
habilidades innatas y extrema preparación
sobre extensos periodos de tiempo.
Encontramos artistas de circo en todos los caminos de la vida,

no solo como artistas brillantes y atletas aventajados,
sino también como ciudadanos comunes y corrientes,
dispuestos a hacer uso de sus máximos potenciales,
a través de poder hacer aquello para lo cual han nacido.
Todos tenemos algo de estos personajes de circo
adentro de nosotros,
¿Qué será? ¿Un poco de payaso y maestro de la ilusión?
¿O algo de trapecista y diestro malabarista?
¿O quizás algo de maestro de ceremonias y mucho de payaso?
Cualquiera que sea el personaje de circo que mejor nos cale,
La realidad es que en ellos residen
nuestros mejores talentos y fortalezas.
En los caracteres del circo,
se nos hace posible contemplar y apreciar
qué es lo que ocurre cuando hacemos uso de
todas y nuestras mejores habilidades.
La vida es como un circo, en tanto y cuanto,
dejemos que el niño que todos llevamos dentro
se identifique con el artista de circo
que habita en nosotros,
y lo haga sin cortapisas, miedos o prejuicios,
para así descubrir cuál o cuáles de ellos
residen en nuestro ser,
de manera que podamos liberar y lanzar en vuelo
nuestros mejores talentos y pasiones,
como los genuinos artistas de circo lo hacen a su vez.

ESOS RULOS BRILLANTES SON SOLO MÍOS

La gentil brisa
bate libremente
esos rulos brillantes
que son solo míos.

El vasto océano refleja
un lienzo magnífico
para pintar hasta la eternidad
esos ojos incandescentes
a los cuales pertenezco
por siempre.

Con una cornucopia
de azules, plateados y blancos
se me ha otorgado el privilegio
de una paleta infinita
para pintar tu preciosa sonrisa,
que se adueña toda de mí,
sin dejar espacio alguno,
sino para nuestros
dos grandes corazones
acurrucados a más no poder
y apretujados como si fueran uno solo.

A través del horizonte
en uno de sus lados,
el sol sale,
y con él llegan
las luces suaves y brillantes,

de un nuevo día
y con ellas te contemplo
maravillado, en éxtasis,
deseando también,
que seas toda mía.

Simultáneamente,
en el otro lado del horizonte,
el sol se oculta,
con tonos intensos
iguales a tus fuegos y pasiones,
esos ante los cuales,
me entrego, me rindo
y mi corazón se hace
solo tuyo,
mi amor.

Y en el medio del horizonte
como paisaje a nuestra nave y velas,
exhibiendo cada color
que existe en nuestro universo,
yace un arco iris extraordinario
que atraviesa todos los cielos
de un lado a otro y
por completo,
enmarcándote en su centro,
en una pose perenne,
con tu preciosa sonrisa,
tus ojos incandescentes
y la gentil brisa
batiendo libremente,
esos rulos bellos y brillantes,
que son solo míos.

CLARIDAD EN LA VIDA

Aquellos que se lamentan sin cesar y aquellos que parecen ahogarse interminablemente en penas y lamentos les falta claridad en sus vidas.

Quienes tienen ansias por una realidad alterna de "lo que podría ser", "lo que debería ser" o "hubiera sido" están embarcados en la búsqueda inútil de una máquina del tiempo, algo que no existe ni ha existido jamás. Lamentarse por eventos del pasado, las dificultades y aun las tragedias en círculos infinitos y viciosos de dolor nos deja estancados e infinitamente ahogados sin salidas ni soluciones por encontrar.

Las penas y los dolores son alimentados por inseguridades profundamente enraizadas en nuestro ser.

Todas ellas funcionando como lentes de aumento sobre los verdaderos dolores y pérdidas a sobrellevar.

Las penas y los lamentos nos llevan a lugares donde terminamos con gente a la que no amamos o queremos, haciendo lo que no nos gusta, o extrañando sin parar a personas o cosas que ya no tenemos o simplemente no existen más.

La abundancia material es una fuente de libertad y liberación de las penurias, pero no es un sustituto a los miedos, culpas, fallas, aspiraciones falsas o el vacío y la desolación del espíritu y el alma. Las riquezas materiales no solo carecen de valor existencial alguno, sino que, además, nos crean un falso sentido de seguridad y son una fuente de estados de penas y arrepentimientos.

Tenemos claridad en la vida cuando en vez de ansiar, aspiramos; en vez de querer y desear lo que ya no poseemos

o perdimos, soñamos, visualizamos, luchamos y nos
esforzamos para volverlo a tener.
Tenemos claridad en la vida cuando poseemos propósitos
definidos y siempre estamos a la búsqueda de un significado
existencial.
Tenemos claridad en la vida cuando estamos totalmente
conscientes de nuestras debilidades y fortalezas, por lo que
constante y pertinazmente buscamos desarrollar las virtudes
que ya hemos adquirido, y con determinación y empeño las
ponemos en práctica.
Tenemos claridad en la vida cuando nos conducimos con
responsabilidad, disciplina y siempre cumplimos con nuestro
deber.
Tenemos claridad en la vida cuando somos bendecidos por
la redención de nuestras fallas y errores a través del poder de
nuestros credos y de la fe, combinados con la confianza.
Tenemos claridad en la vida cuando entendemos que siempre
nos podemos reinventar a nosotros mismos y podemos
superarlo todo moviéndonos hacia adelante sin romper o
violar nuestra esencia, principios y naturaleza.
Cuando seguimos a nuestro verdadero amor
y lo usamos como una fuente de felicidad e inspiración,
la claridad en la vida
nos lleva inexorablemente a la consecución
de logros y confianza en nosotros mismos,
esto a su vez crea círculos virtuosos,
donde las penas y los lamentos,
no tienen lugar para existir ni aire que respirar.
La claridad nos abre los telescopios de la vida,
nuestros horizontes se expanden
y no hay límites en el espacio abierto que espera por
nosotros,

sino un firmamento infinito
y un universo vivo
a ser experimentado, disfrutado y apreciado
ya que disfrutamos de absoluta claridad en nuestras vidas.

CONTEMPLANDO TU ROSTRO

A través del tiempo nuestro rostro
se convierte en un reflejo de nuestra vida
y de lo que estamos hechos realmente por dentro.

A través del tiempo las mascaras de la juventud se desvanecen,
reemplazadas por las marcas y cicatrices
de como y de que manera hemos vivido
y experimentado nuestras vidas.

En un rostro gastado por el tiempo,
cada línea, protuberancia, piel colgante, puente o arruga
refleja nuestras buenas o malas acciones,
así como nuestros puntos altos y bajos,
nuestros triunfos, perdidas y derrotas,
nuestro dolor y gloria.

Todos a la vista y expuestos al frente de todos
ya que no hay nada que podamos hacer para ocultarlos.

Como luce nuestro rostro?
Ofuscado? Mal Intencionado? Quizás Plástico?
O acaso exuda bondad, nobleza,
un espíritu gentil y un alma inspirada?

Transpira oscuridad y soledad
u optimismo y entusiasmo?
Vibra angustia y tristeza
o felicidad y gozo?
Muestra un estado depresivo y de desespero
o uno de alegría y pasión?

Cualquiera que sea su respuesta honesta,
eso será quien usted probablemente es.

Pero nada expresa mejor
nuestra verdadera naturaleza y condición humana
que nuestra mirada.

Hay miradas que retratan a la muerte misma
y nos causan miedo que se nos calan los huesos,
porque vienen del tipo de ojos
que han estado en su presencia por buenas o malas razones.

Hay otras que son miradas de locura
en frente de las cuales respiramos de cerca
el tumulto e inestabilidad
del mundo interno de quien encaramos.

Y que hay de aquellas miradas vacías
donde simplemente no hay nadie en casa.

Hay así una galería de miradas en la especie humana:
Ojos envidiosos,
obsesionados,
ambiciosos,

tristes,
rabiosos,
resentidos,
vengativos,
codiciosos,
hipócritas;

En contraste a aquellos que son
gentiles,
benignos,
generosos,
inspiradores,
curativos,
felices,
pacientes,
agradecidos,
indulgentes,
o simplemente alucinantes, brillantes y aun mágicos.

Pero por sobre todo esta el amor;
Nuestras miradas y rostros se transforman bajo el manto del amor.

Un aura de juventud, frescura, mejillas sonrosadas,
candor, inocencia, destellos y resplandor nos envuelven.

Nos acompaña un halo que proyecta energía positiva
impregnada con vitalidad que encanta y contagia.

La magia del amor en nuestras miradas es una obra de arte
en donde vemos dibujada en nuestra alma gemela,
todo lo que compartimos y atesoramos con el o ella.

Por ello es que cuando contemplamos
los rostros de nuestros compañeros de vida,
vemos mucho mas allá de lo que nadie podría,
ya que cada gesto, movimiento o ángulo,
refleja un momento distinto de una vida juntos.

Cada expresión y cada gesto nos recuerdan
anécdotas, circunstancias o experiencias distintas
de la vida que hemos llevado juntos a ella o el.

Colocamos sus sonrisas en memorias eternas,
recordamos vívidamente sus alegrías
en las innumerables ocasiones y lugares
que hemos disfrutado juntos.

Así como también vemos lágrimas de felicidad
en todo aquello que hemos sobrellevado
estando unidos sólidamente
a través del tiempo con nuestras parejas.

Vemos en sus rostros las ocurrencias
y las películas de nuestros viajes por la vida,
tales como la primera vez que descubrimos
en las miradas de nuestras parejas
los instintos maternales o paternales
cuando nacieron nuestros hijos,
o sus ojos de tristeza en cada una de nuestras partidas
o sus expresiones de alivio y alegría
en cada uno de nuestros regresos,
o sus gestos de disgusto
en nuestras transgresiones o decepciones

o su felicidad inmensa
cuando sus corazones fueron sorprendidos
por gestos espontáneos y pequeños detalles
inolvidables e irremplazables
ofrendados por el uno al otro
a través del tiempo.

Cuando vemos el rostro
que ha viajado con nosotros por tanto tiempo,
descubrimos y reafirmamos cada pequeña cosa
que es tanto parte de ellos como de nosotros.

Por ello es que no podemos evitar el contemplar,
sin querer y hasta casi sin saber,
asombrados y maravillados,
el tipo de belleza única e inimitable
de la cual esta hecha la riqueza una de vida juntos,
llena de incontables e inolvidables recuerdos
y momentos de una pareja.

Y esa es la razón por la cual nadie, excepto nosotros,
puede apreciar, valorar, entender, leer, ver,
percibir o sentir mejor
los rostros y miradas de nuestros compañeros de vida,
ya que nadie, sino nosotros, conoce y ha experimentado
la historia, anécdotas y experiencias
de una vida entera con ellos.

La gratitud

Las gratitudes más importantes son celestiales o existenciales por naturaleza.

Nuestra mera existencia es inexplicablemente afortunada y ha sido inmensamente bendecida, y por ella agradecemos a nuestro Creador por traernos al planeta Tierra en vez de trillones de otras células reproductivas que nunca llegan a las etapas procreacionales y gestativas que preceden al nacimiento.

Tenemos, además, mucho más por lo cual estar agradecidos una vez que estamos aquí, especialmente cada día que estamos vivos, sanos, conscientes y rodeados de nuestros amigos y familia.

Pero a estas dos, sigue nuestra gratitud por los demás,

En gratitud, reconocemos la lealtad que otros nos demuestran.

En gratitud, valoramos la fe que los demás nos tienen.

En gratitud, apreciamos el valor de los gestos que los demás nos ofrecen.

En gratitud, rendimos respeto a la calidad como seres humanos de aquellos que nos dan mucho, lo merezcamos o no.

En gratitud, recompensamos los actos de bondad con los que somos bendecidos.

En gratitud, disfrutamos lo que ofrendamos y los que nos ofrendan.

En gratitud, celebramos el lado ingenuo y cándido de la vida.

La gratitud tiene su mayor impacto cuando se origina genuinamente en el corazón, en vez de por razones de imagen o por figurar socialmente.

La gratitud auténtica es espontánea y no es dictada o dirigida por nada o nadie.

La gratitud es genuina cuando es anónima, y como se origina en un acto de consciencia, nada acerca de ella pertenece al dominio público.

La gratitud es genuina cuando coloca a quienes, o aquello por lo que estamos agradecidos, en primer plano como protagonistas, mientras nosotros permanecemos entre bastidores.

La gratitud es auténtica cuando no se mide, ni cuantifica, es decir no es proporcional o medible cuando se expresa.

La gratitud se expresa a través de actos, gestos y aún más, sacrificios.

Por el contrario, la gratitud es una farsa falsa, ya que nuestra única y verdadera preocupación somos nosotros mismos y nuestra imagen, pero absolutamente nadie ni nada más.

La gratitud es una fuente confiable de paz interior, felicidad e inspiración, ya que sus notas musicales le cantan al mejor lado de nuestra condición y naturaleza humana donde la chispa de creatividad y visualización pueden hacer ignición en cualquier momento, dando origen a una de las condiciones con las cuales jamás seremos bendecidos: la de estar eternamente agradecidos al creador, a la vida y a los demás.

SIEMPRE ALLÍ

Hoy,
cuando mi corazón fue en tu busca,
me sentí aliviado y lleno de alegría,
porque al necesitarlo,
mi sueño acerca de ti,
aún allí seguía.

De alguna manera,
esperaba que se hubiera ido,
pero esa es la otra parte mía,
la que me quiere anclar,
no dejándome volar
adonde residen los sueños
y el amor verdadero.

En la noche
me fui a la cama temprano,
y tu sueño acerca de mi,
todavía seguía allí,
en el mismo lugar
donde al amanecer,
lo habías dejado.

Mañana,
estaré despierto antes del alba,
y poco después al empezar el día,
nuestro sueño se haré presente,
como siempre lo ha hecho,
siempre presente en nuestro mundo,
nunca nos ha fallado,
ni jamás ha dejado de ser.

Una labor de amor
Qué tarea tan importante,
la de tener que navegar
a los más oscuros confines
de las mentes de otros,
pero no a la de uno mismo.

Poesía en equilibrio

Esos senderos donde
la tierra no es firme,
y donde el piso se mueve,
los senderos de la vida son borrosos
sin suficiente luz
y no existe un sentido de bienestar alguno,
o felicidad.
Pero quizás no hay trabajo más difícil
que el de aquellos que tratan con mentes
que no solo carecen de sentido
y propósitos en sus vidas
sino que además son potencialmente e intrínsecamente
perversos, diabólicos, maquiavélicos y tramposos
o simplemente se quieren tanto a sí mismos
que no dejan lugar, ni les importa, nadie más.
Qué trabajo más difícil el de hacer el bien
mejorando la mentalidad y las actitudes
de los que más lo necesitan,
de aquellos en busca de redención
o una segunda oportunidad,
aquellos en los cuales pocos creen o apoyan,
qué trabajo más difícil,
qué trabajo más imposible,
qué maravillosa labor de amor,
eso es lo que harás y serás en el futuro,
dejando atrás una bella estela,
es lo que habrás al final logrado,
esa será tu obra, tu gran legado.

UN SABIO ACERTIJO

Un sabio acertijo es difícil de resolver,
sin embargo,
inevitablemente,
siempre tendrá una solución.
Lo mismo ocurre con
una adivinanza, un enigma,
un misterio y hasta un rompecabezas.
Pero la vida no siempre es
un acertijo a ser resuelto,
ya que sus soluciones
no vienen en forma de santo y seña,
por lo contrario,
a menudo no existen todavía,
o simplemente cambiarán o se formarán en el camino.
Por ello, aun cuando los acertijos de la vida,
están allí para ser resueltos,
sus soluciones
no necesariamente lo están también.
Y si uno tiene que ser demasiado cuidadoso
con lo que quiere o desea,
entonces algunos de esos acertijos existenciales,
es mejor dejarlos sin resolver.

La duda

Una duda sin método, propósito o confianza,
nos lleva al dolor y a ansiedades recurrentes,
todas ellas en vano,
ya que irremediablemente serán una pérdida de tiempo,
cuando inexorablemente fracasemos de plano.
Este tipo de vacilaciones,
cuando estamos en duda, es porque escondemos algo,
y las dudas son únicamente escudos y excusas falsas
a las verdaderas causas y génesis de nuestro
comportamiento.
Entre ellas están el miedo, la debilidad de carácter,
la ignorancia, nuestras limitaciones,
tanto como la falta de habilidad natural o talento,
y la falta de preparación o planificación.
Este tipo de indecisión
busca justificar la mediocridad y la incompetencia
a través de culpar o sospechar de otros,
cuando lo más probable, lo que realmente anda mal,
yace únicamente dentro de nosotros.
Este tipo de titubeos
son como venenos mortales,
llevándonos inevitablemente a la inacción
y miedos paralizantes,
de manera creciente nos sentimos abrumados
por la incertidumbre, el escepticismo, la aprensión
y la falta acuciante de confianza en nosotros mismos,
lo cual inexorablemente nos lleva
a cometer errores por mal juicio.
Esta es la razón principal por la cual las dudas de este tipo

son la antesala a los fracasos.
Los antídotos a la duda son método, propósito y confianza.
A la duda le aplicamos método cuando estamos
objetivamente inciertos acerca de algo,
y nuestra inclinación a la incredulidad puede ser
superada observando y ateniéndonos a los hechos.
Cuando sentimos incertidumbre acerca
de nuestras creencias u opiniones,
las superamos a través de subsanar nuestra ignorancia
y la falta de pruebas fehacientes de lo contrario.
A la duda le aplicamos propósito
cuando estamos sobrecargados emocionalmente
y en estado de sitio,
abrumados por montañas de in,
para disolverlas y romper sus defensas,
descartaremos lo superfluo e innecesario,
si mantenemos nuestro objetivo a la vista
y en caso de que no tengamos alguno,
deliberadamente lo creamos y lo desarrollamos
ya que tener un propósito u objetivo claro,
es la manera más efectiva de romper y deshacer las dudas.
A la duda cuando le aplicamos confianza,
nos deshacemos de ella al aplicarle el beneficio
de la duda a la situación o la persona.
En último análisis, una dosis sana de dudas
es un componente esencial de una vida plena.
Pero es nuestro reto a los efectos de adoptar
y convivir con ciertas dudas,
el siempre hacerlo con método, propósito o confianza.

LA DUALIDAD

Este es el problema
con la dualidad,
a primera vista parece algo que no es.
como si fuera un estado de indecisión deliberada
o de ignorante duplicidad, en el cual no sabemos
a quien, que o cual elegir.
De hecho, es totalmente lo opuesto a lo que parece ser,
por lo menos en lo que se refiere a este escrito.
Nos topamos con la dualidad en los caminos de la vida,
cuando ansiamos no solo una,
sino la totalidad de las alternativas
que se nos presentan,
o contemplamos a todos y a todo
como una proposición de dos caras u opciones,
y nuestra elección es por la una o por la otra.
No se ha dicho lo suficiente
acerca del primer tipo de dualidad,
lo cual consiste en el arte
de querer estar bien con Dios y con el diablo,
es el quererlo todo, simultáneamente,
en ese momento a cualquier costo y a como de lugar.
Sin importar qué, quién, dónde, cómo o cuándo,
lo cual usualmente no deja lugar para nada o nadie más.
Esta voracidad sin freno, en la mayoría de los casos
es un problema por sí solo.
No solo porque rara vez disfrutamos
lo que obtenemos de esta manera,
ya que usualmente nos atragantamos
por querer tanto a la vez,
sino porque adicionalmente,

este tipo de dualidad con avaricia maligna,
no vale nada,
es existencialmente perniciosa,
un ejercicio inútil e infructuoso
sino también un ejercicio inútil e infructuoso
de autogratificación continua e instantánea,
lo cual no solo es banal y vacía,
sino que, sobre todo,
está privada de significado o propósito existencial
por lo cual no es trascendental,
lo que indica que no estamos vivos o viviendo cuando
la ponemos en práctica o vamos tras de ella.
Por otra parte,
cuando la dualidad es polarizante,
vemos al universo, al mundo, la vida y su gente,
a través de polos opuestos,
partes antagónicas
y diferencias irreconciliables, todo el tiempo.
Todo a nuestro alrededor se torna,
blanco o negro, el bien o el mal, excitante o angustioso, pleno
o vacío, feliz o depresivo, repleto o solidario, divertido o
aburrido, verdadero o falso, fiel o traicionero, real o ficticio.
Todos aquellos con quienes interactuamos se tornan,
superiores o inferiores súbditos, afluentes o deprivados,
saludables o enfermos, exitosos o fracasados, merecedores
o parásitos, solventes o lastres sociales, con o en contra
de nosotros, hábiles o minusválidos, libres o condenados,
inocentes o marcados como culpables por siempre,
socialmente adaptados o psicópatas, narcisistas o con baja
autoestima.
Nuestras vidas racionales y emocionales son controladas o
caóticas, efusivas o llenas de resentimiento, exuberantes o

Poesía en equilibrio

frustradas, exaltadas o deprimidas, abstemias o enviciadas,
carnívoras o vegetarianas, agradables o desagradables,
generosas o avariciosas y vanas.
Pero la luz, el brillo y la belleza
que perdura en la vida,
no yace en los polos opuestos,
sino en el mero centro, en el medio de todas las cosas.
Una vida plena está basada primordialmente
en la calidad y solidez de nuestras virtudes y valores.
Y estas residen únicamente entre los extremos,
en el mero centro de ambas.
Están ubicadas en el área de confluencia,
donde ponderamos y ajustamos
todos nuestros controles y mandos existenciales.
Y es allí donde en vez de un mundo de pares o dúos,
de alternativas "a" o "b",
encontramos una tercera elección,
hecha íntegramente por los dos extremos,
y es así como conseguimos balance en la vida
ya que es solo en el medio, donde encontramos
no solo a la mayoría, sino todas nuestras virtudes
existenciales,
como la singularidad, la prudencia, la paciencia, el buen
juicio, la resistencia, la tolerancia, la capacidad de perdonar,
la creatividad, lo artístico, la temperancia, la flexibilidad,
nuestra apertura de mente, la claridad, todo lo que sea o
esté fuera de la norma, la cautela, los estados meditativos
y contemplativos, el arrepentimiento, la generosidad, la
gratitud, la moderación, la esperanza, la inspiración, la
frugalidad, el cambio, la evolución, nuestra consciencia,
nuestro espíritu, nuestra alma y la fe.
La dualidad por naturaleza es incompleta y nunca nos llena

o satisface por completo, ya que nos priva de todas las
alternativas que están realmente disponibles, enviándonos a
los extremos, así como a posiciones radicales y rígidas.
La dualidad puede ser peligrosa ya que genera antagonismos
que ponen a los polos opuestos o posiciones extremas las
unas en contra de las otras, creando verdaderos conflictos
y choques entre las partes antagónicas, todos ellos basados
en el nimio y banal deseo de una o ambas de las partes por
prevalecer sobre la otra a toda costa, a como dé lugar.
La dualidad también ciega nuestro corazón, espíritu y alma,
privándonos de nuestra habilidad de experimentar y disfrutar
de la vida, el universo, el mundo y su gente, simplemente
porque decidimos ignorar la tercera alternativa, la de
contemplar la vida desde el medio y entre los extremos.

LA GENIALIDAD

Si simplemente nos contentamos
con simplificar lo que la genialidad realmente es
y nos limitamos a que signifique algo
cordial, afable, congenial, sociable,
jovial, gentil y bondadoso,
le robamos su singularidad y magnificencia.
Peor aún, trivializamos al genio
que habita en todos nosotros
y quien es intrínseca parte
de nuestra esencia y nuestra naturaleza.
Por lo cual es bueno aclarar que en este escrito,
hablamos únicamente
de aquel tipo de genialidad que proviene y se genera
en nuestro genio, el que habita en nuestro ser

desde que el mundo nos vio nacer.
Este es el problema con la genialidad,
no la entendemos bien,
¿Qué significa ser un genio?
¿Qué significa ser genial, actuar genialmente,
poseer y tener genialidad?
¿Y cómo es posible genializarnos
a nosotros mismos,
a quienes nos rodean y
a todo con lo que entramos en contacto?
La realidad es que existe genialidad adentro de cada uno
de nosotros, y no solo reside en alguna parte de nuestro ser
sino que está lista y deseosa a ser descubierta, alimentada,
desarrollada, usada, explotada y puesta en práctica.
En cierto modo, nuestra genialidad es
como un genio en una botella,
pero, eso de ser genial,
nos lo hacemos bien difícil,
porque pensamos acerca de lo genial
en términos tales como
lo mejor, lo máximo, lo excepcional, nadie como.
Y pensamos en la ausencia de genialidad como,
menos que, común o todos los demás.
Pensamos acerca de la gente de forma binaria,
arriba o abajo, mejores o peores.
Los genios no actúan de ninguna de esas dos formas.
De hecho, por lo contrario,
para empezar, quien actúa genialmente
se pone al mismo nivel
de todos sus contendientes.
El genio no se siente mejor que los demás,
ese término simplemente no existe en su diccionario.

Un genio es simplemente alguien,
cualquiera de nosotros o todos aquellos,
que han reconocido, descubierto o encontrado
en ellos y los demás
los mejores talentos y habilidades
con las que Dios los trajo al mundo.
Las ha destapado, liberado,
desarrollado y puesto en práctica.
En el mundo de los genios no hay niveles,
todo es plano y abierto
para que los talentos galopen sin freno.
Es así como, un genio no piensa de sí mismo en términos
de ser mejor que los demás o ellos menos que él.
El genio es excepcionalmente bueno
en las cosas que sabe hacer y punto.
La genialidad puede ser encontrada en aquellos lugares
donde tenemos guardados o residen,
nuestros verdaderos talentos y habilidades,
especialmente los que son innatos,
notorios e ilimitados.
Somos geniales cualquiera de nosotros,
cuando somos capaces de aprovechar
nuestro máximo potencial
y usar nuestras mejores fortalezas.
En esos momentos podemos hacer uso
de nuestros súper poderes
y convertirnos en artífices
y grandes maestros de nuestro genio potencial.
Pero nunca confundamos la genialidad con la simplicidad,
el genio únicamente trata con cosas difíciles.
Nada que la genialidad enfrente
viene, sale o se da fácilmente.

Poesía en equilibrio

Lo que ocurre es que a primera vista,
bajo los poderes de cualquiera actuando con genialidad,
las cosas extremadamente complejas
se ven fáciles en manos de
talentos intensamente ensayados,
practicados y desarrollados
y de las habilidades innatas, únicas y especiales
que quien actúa genialmente posee.
Pregunte a sí mismo,
¿en qué soy realmente muy, pero muy bueno?
¿Qué estoy destinado a ser desde que nací?
¿Qué es lo que me apasiona y realmente me gusta hacer?
Honestamente, dados mis talentos,
pasiones y habilidades
¿Qué es lo que puedo hacer mejor en la vida?
Y si no lo sé, haré de mi vida una búsqueda de ello,
hasta que lo consiga.
Una cosa es cierta, el genio en todos nosotros
no reside en aquellas cosas
para las cuales no tenemos
ni el deseo ni el talento para ellas.
El principal obstáculo y problema es, sin embargo,
que la genialidad puede ser intimidante
y, en vez de abrazar y acercarnos,
nos apartamos y alejamos de ella,
cuando en realidad
necesitamos hacer todo lo contario,
ya que para elevarnos de nivel
y alcanzar otras alturas,
tenemos que rodearnos de gente
que son mejores que nosotros
y tienen talentos y habilidades,

con las que nosotros no somos
muy buenos o experimentados
o simplemente no las tenemos.
La ausencia de genialidad ocurre
cuando nos embarcamos en el ejercicio fútil
de compararnos o envidiar
las virtudes y fortalezas de otros,
peor aún,
cuando lo hacemos teniendo como trasfondo
nuestras mas notorias debilidades y defectos.
La genialidad es frecuentemente confundida
como algo que solo existe en el espectro de aquellos
con poderes intelectuales,
innatos y extraordinarios
o una superioridad mental profunda,
inventiva y trascendente.
Los genios son percibidos como
individuos superdotados,
cuyos atributos son tan variados y diversos,
complejos y sofisticados,
que nos sentimos abrumados y fuera de balance
cuando los tenemos en frente.
La pregunta que nos tenemos que hacer en esos casos es:
¿Tenemos nosotros miedo?
¿Nos sentimos inadecuados e intimidados
por el genio extraordinario?
¿O simplemente tenemos miedo por nosotros mismos?
Por ello, siempre es sano recordar que por
cualquier dote, virtud o talento que otro tenga,
nosotros tenemos algo adicional
que ellos no tienen
y es igualmente valioso en el universo de la vida.

Y es además prudente y astuto tener en presente,
que todos somos geniales
en una, algunas o muchas cosas,
con las cuales brillamos y volamos
por todo lo alto,
cuando las ejecutamos o hacemos uso de ellas,
pero somos terriblemente torpes o ineptos
en muchas más.
Es así como el genio en nosotros
no se compara con nada ni nadie,
porque no solo es algo fútil
que no añade valor alguno,
sino siempre conlleva una lección de humildad
esperándonos a la vuelta de la esquina,
en los senderos de la vida,
para recordarnos a través de
nuestras muchas fallas y defectos,
que somos inexorablemente iguales
a todos los demás,
a través de un balance universal.
¿Qué es lo que estamos esperando entonces?
Nuestro genio está deseoso y dispuesto.
Nuestro genio en la botella
está listo para ser destapado y liberado.
Desatemos el genio que todos tenemos dentro,
para así explotar al máximo
nuestro potencial y habilidades,
y alcanzar lo mejor que la vida nos ofrece.

LA ADVERSIDAD

Bien sea por los actos de los hombres,
la naturaleza o las creaciones de la humanidad,
inexorablemente, tarde o temprano,
tormentas y chubascos se formarán en el horizonte
o eventos existenciales ocurrirán inesperadamente,
e inevitablemente, de una manera u otra,
con o sin previo aviso,
nos impactarán en el transcurso de
nuestro viaje por la vida,
La adversidad nos afectará emocional,
espiritual, física y materialmente,
en innumerables combinaciones de todas ellas.
Cuando nos enfrentamos a las penurias de la vida,
no hay alternativa,
sino hacer uso de nuestras fuerzas,
poderes y fortalezas,
tanto las que poseemos como las que no,
para así enfrentarnos a las vicisitudes,
sin miedos ni titubeos,
con toda nuestra determinación y deseos
por los nuestros y nosotros mismos,
luchando no solo por nuestra supervivencia,
sino para sobrellevar, superar, prevalecer
y así, al levantarnos nuevamente,
derrotar la adversidad,
dejándola aniquilada y vencida.
Cuando nos enfrentamos a la adversidad, cara a cara,
pronto nos encontramos atrapados en círculos
adentro de nuestras propias mentes,

mientras perdemos tiempo valioso, sin hacer nada.
Estos son los momentos,
algunos, a veces, duran una vida entera,
donde lo que hacemos es lamentarnos,
sintiendo pena por nosotros mismos o los demás,
compadeciéndonos o postergando las cosas,
mientras hacemos poco o nada,
por luchar o golpear a los que nos adversan.
Cuando nos comportamos de esa manera,
nuestro fallo en actuar,
no nos lleva a ninguna parte,
excepto a un lugar vacío,
donde eventualmente,
todas nuestras excusas se acaban,
suenan huecas y no solo nos roban
nuestra habilidad de vivir una vida plena,
sino también reflejan la actitud de un soldado,
que se escapa de la batalla de la vida,
sin hacer un solo disparo,
ya que no está dispuesto a encarar
al enemigo de la adversidad,
con coraje y convicción de que lo puede derrotar
y de no ser posible,
está preparado para adaptarse a ella,
extrayendo lo mejor que la vida le ofrece,
en esas circunstancias.
Para lograr controlar la adversidad,
hay que atraparla temprano,
cuando gracias a la prevención, la anticipación,
la preparación y el estar listos para reaccionar y actuar
podemos ver llegar la adversidad,
en esos casos la podemos prevenir desde su comienzo

o detener su cauce
antes de que ocurra.
Aun así, de cierta manera,
la adversidad es también una oportunidad,
a veces para renovarnos y empezar de nuevo.
En otros casos son los puntos de inflexión
en los caminos de la vida
que señalan el fin de una buena racha.
Pero, cómo reaccionemos y
cómo sobrellevemos la adversidad,
determinará nuestro éxito
y el provecho que saquemos de ella.
Las penurias a veces son formativas y transformacionales,
ya que nos sacuden con lo más profundo de nuestras entrañas
y nos sacan de nuestras zonas de comodidad,
poniendo a prueba nuestro temple, valor y determinación.
Si la adversidad es evitable,
entonces nuestro deber existencial,
es el de hacer uso de todas nuestras fuerzas y poderes,
para prevenirla o mantenerse fuera de su camino.
Si por otra parte la adversidad es inevitable,
nos adaptamos y aprendemos a vivir con ella,
y nuestra meta se convierte en doblegarla,
superándola con más determinación
y aguante que ella misma.
Si por otro lado la adversidad es irreversible,
nuestra misión es que todavía exprimimos a la vida
lo que nos ofrezca,
en cada momento que estemos en el universo.
Pero, si la adversidad es corregible o subsanable,
peleamos como leones,

para curarnos de ella,
y lo hacemos implacable e incesantemente.
Sin embargo, tenemos que tener cuidado
con los espejismos del desierto,
ya que las penurias y la adversidad,
a veces no son sino una ficción de nuestra imaginación,
donde vemos obstáculos y vallas que no hay.
Las creamos por nuestros miedos, inseguridades,
pesimismo y depresiones.
A la adversidad es mejor enfrentarla
con herramientas existenciales como:
la esperanza, las convicciones, el optimismo,
la ingenuidad, la fe, la ética de trabajo,
con mentes y espíritus ocupados,
todas ellas acopladas con el amor.
A veces, nos encontramos con la adversidad de otros,
no sabemos qué hacer, e involuntariamente
nuestra percepción de los afligidos,
parece como si estuvieran infectados
con enfermedades contagiosas,
de las cuales no queremos estar cerca,
ni saber nada de ellas.
En otras ocasiones actuamos como si aquellos en penuria
han cambiado y no son las mismas personas,
por lo cual los percibimos y actuamos con ellos,
bajo el prisma de sus circunstancias,
como si repentina, pero ficticiamente,
ellos fueran menos que nosotros.
Pero cuan equivocados estamos
al comportarnos de estas maneras,
ya que inexorable irremediablemente,
nosotros también terminaremos experimentando,

penurias y adversidad en la vida,
con lo cual nos encontraremos siendo tratados,
de la misma manera que hemos tratado a otros,
en las mismas circunstancias.

Así que es existencialmente sabio,
tratar la adversidad y penurias de otros,
con el máximo respeto y corazones bondadosos,
ya que aún cuando sus batallas no son las nuestras,
hay que tener en cuenta,
que todos somos soldados del mismo ejército
peleando la misma batalla de la vida,
en contra de contratiempos y vicisitudes imprevistas.

La adversidad disminuye significativamente
cuando se piensa en ella,
en términos relativos y comparativos,
ya que, sin importar, cuán mal estén las cosas,
siempre pueden estar peores,
o ya lo están, en la casa de al lado.

La peor adversidad es la que nos llega
sin anunciar y nos atrapa por sorpresa
sin preparación o protección alguna
en contra de ella.

La mejor actitud contra la adversidad,
es tratarla como un enemigo de guerra,
ante el cual nunca nos rendimos,
en contra del cual nunca abandonamos,
sino por el contrario,
lo enfrentamos sin cesar,
hasta que lo derrotamos o nos deshacemos de él.
Si no podemos lograrlo,
rápidamente nos adaptamos a ella,
y continuamos extrayendo

lo mejor que la vida nos puede ofrecer,
dentro de las circunstancias,
ya que sabemos que estar vivos y la vida
nunca cesan,
mientras superamos la adversidad.
A la adversidad siempre se le debe tratar
como una oportunidad existencial
para espabilarse,
de una vida cómoda y vacía.
Por ende, la adversidad es un chance
para reinventarnos.
Pero la adversidad es solo una oportunidad,
si nosotros la tomamos como tal.

LA FÓRMULA DE LA FELICIDAD

Algunas veces tenemos la esperanza de que,
por el mero hecho de estar vivos,
la felicidad es, con toda certeza,
algo con lo que podemos contar,
algo con lo que nos vamos a tropezar
o simplemente encontrar.
Pero esperar que la felicidad ocurra
por combustión espontánea, suerte o casualidad,
es el equivalente a recibir una recompensa
sin mérito alguno,
un premio sin trabajo ni esfuerzo
que nos ayude a lograrlo.
En otras ocasiones,
deseamos obtener la felicidad
a través de una fórmula mágica,

un hechizo, un embrujo o una ilusión,
pero hay pocos hechiceros entre nosotros,
ya que "los magos de la vida"
son muy difíciles de encontrar,
y eso se debe a que la fórmula,
para convertir los sueños en felicidad
hay que perseguirla y buscarla.
Por lo cual ella deriva de una persecución
o búsqueda deliberada.
Otros, por lo contrario,
creen que la felicidad sucede
como consecuencia y subsecuente
a las fórmulas pertinentes
como elegimos vivir.
Hay también quienes creen que
la felicidad solo ocurre cuando enfrentamos
penas, tragedias y dolor.
Pero el optimismo en la tragedia,
la pena o el dolor,
rara vez es el sendero hacia el éxtasis.
¿Por qué será que la felicidad nos elude,
es inesperada y efímera a la vez?
¿Por qué se hace tan difícil alcanzarla
o encontrarla?
Y si lo hiciéramos,
¿sabríamos acaso que estamos ante ella?
Y si la reconociéramos,
¿seríamos capaces de disfrutarla?
Y si la experimentáramos,
¿podríamos valorar el privilegio de ser felices?
Y de serlo,
¿sabríamos atesorarla para siempre?

Y entonces,
¿cómo podemos encontrar la felicidad?
¿A través del deseo y la intención de ser felices?
¿O a través de los senderos y caminos que decidimos
tomar hacia la tierra de la alegría?
¿O a través de ambas?
La respuesta reside en la fórmula de la felicidad,
la cual tiene 3 actitudes existenciales
interconectadas muy de cerca
con 3 pilares de la sustentan.
Primero,
identifique sus pasiones,
la pasión es nuestro motor existencial,
encuentre lo que ama hacer y hágalo.
Determine todo lo que le apasiona y aférrese a ello,
ya que aumentará por muchas veces
las probabilidades de que sus mejores
habilidades y talentos,
no solo salgan a flote,
sino sean puestas a buen uso,
ya que se desempeñará
en cualquiera que sea su faena,
haciendo mejor uso de sus fortalezas.
Hacer lo que a uno le apasiona es fácil y
el esfuerzo, energía, determinación, disciplina y
persistencia, requeridas y necesarias,
no solo se hacen irrelevantes,
sino que nunca son un obstáculo.
Cuando uno hace lo que ama,
obtiene las mayores satisfacciones y orgullo,
por todo aquello que no pudiéramos lograr.
Cuando uno hace lo que le apasiona,

nunca encuentra excusa alguna o
peros para empezar,
nunca nos quedamos parados o inactivos,
ni evitamos cumplir con nuestros deberes y obligaciones,
pero, para llegar a tener un dominio magistral
de nuestras pasiones,
hace falta tiempo, crecimiento, preparación, superación,
fracasos, talento innato y determinación.
Segundo,
encuentre su ritmo,
nuestro ritmo es las revoluciones por minuto
de nuestro motor existencial (las pasiones).
La productividad y efectividad en nuestra vida
requieren de ritmo.
Nuestro ritmo es la velocidad y eficiencia,
con las cuales cumplimos nuestras tareas.
Sin ritmo, uno se abruma rápidamente,
nuestro motor existencial se hace más lento.
En la vida y el mundo actual,
un motor, sin las revoluciones por minuto adecuadas
se sobrecarga y sobrecalienta
en fracciones de segundo.
Además, para poder realizar
múltiples tareas simultáneamente
y para poder hacer frente al paso de la vida moderna,
manteniendo un fuerte ritmo y alta productividad,
se requiere constante entrenamiento y aprendizaje,
ya que, a fin de cuentas,
nuestro ritmo debe ser proporcionalmente adecuado
a la metas y estilo de vida que nos hayamos trazado.
Y tercero,
para capturar y estar inmersos en nuestras vidas,

Poesía en equilibrio

se requiere "estar consciente de" todos y
de los que nos rodea.
No podemos ser espectadores de nuestras propias vidas,
tenemos que estar totalmente involucrados
y ser activos participantes en ellas,
capturando cada uno de sus momentos
tal como se nos ha dado u ocurrido,
no podemos postergar nuestras vidas,
no podemos darnos el lujo de que
nuestro precioso tiempo en el planeta tierra,
sea desperdiciado día tras día,
actuando como espectadores.
Así mismo,
debemos estar eternamente agradecidos
por nuestros compañeros de vida,
así como por lo que hemos recibido,
sea lo que sea,
cada día que estamos vivos.
Finalmente,
la vida nos da y envía pequeñas señales y símbolos,
muchos de los cuales constituyen importantes mensajes
y pistas existenciales, las cuales
si no estamos "conscientes de"
no seremos capaces de ver y apreciar,
ya que estaríamos caminando a ciegas,
sin percatarnos de ellas.
Una cosa es absolutamente cierta,
estas luces o faroles que iluminan
nuestros senderos de la vida,
a veces como símbolos que la vida nos da,
otras como llamadas al deber
o simplemente advertencias o acertijos,

esperando por nosotros a ser vistos,
descubiertos, resueltos y descifrados como si
fueran rompecabezas o crucigramas existenciales
que una vez resueltos, iluminan y marcan
nuestro camino, permitiéndonos
seguir hacia delante con un sendero lleno
de luz para vivir sin par.
Pero hay 3 pilares de soporte a la pasión,
al ritmo y "estar conscientes de",
los mismos que son necesarios
para que la felicidad florezca.
Primero que nada,
necesitamos del amor para ser felices.
El amor es el cimiento fundamental de la felicidad.
El amor verdadero es cuando nuestro corazón
ya no nos pertenece más.
A través del amor nos enfocamos en
todo lo que podemos dar y dispensar a otros,
sin considerar lo que podríamos recibir
o no, a cambio.
Segundo,
necesitamos balance y equilibrio
entre el esfuerzo (trabajo) y la descarga (diversión).
Tenemos que establecer prioridades
para mantenernos en balance.
El equilibrio solo existe si tenemos una vida emocional
sólida como soporte,
El equilibrio se aprende a través de la práctica
y un estilo de vida son.
Tercero,
La felicidad florece a través de valores sólidos.
Nuestro carácter y virtudes están constituidos

en base a nuestros valores espirituales, familiares,
éticos, morales, a través de la fe, la verdad y la honestidad.

En este ecosistema de tres actitudes existenciales
(pasión, ritmo y 'estar conscientes de')
Y en los tres pilares que las sostienen,
(amor, equilibrio y nuestros valores)
es donde la inspiración nace y florece,
propulsándonos a una condición de nobleza
y deseo sublime,
un estado de funcionalidad
y productividad exacerbada
que saca a flor lo mejor de nosotros,
y genera continua felicidad.
La inspiración bien puede ser la única fuente
de felicidad continua que existe,
la inspiración es la materia prima de los magos:
'Los magos de la vida'.

¿CÓMO ES QUE TÚ ME HACES SENTIR ESPECIAL?

¿Cuáles son esas pequeñitas cosas que tú haces?
¿Qué es eso tan particular en la manera como te comportas?
¿De donde salen esas palabras mágicas
y llenas de embrujo que siempre dices?
Y ¿qué hay con esos versos exquisitos, llenos de
amor, belleza y empatía, que siempre escribes?
Todo ello me hace sentir tan especial,
mi amor.
Es acaso que me haces sentir feliz,
amado, adorado y reverenciado
a más no poder.

¿O es acaso que cada día,
el torbellino imparable de todo ello,
me hace recordar, que yo no solo soy,
la persona más importante del mundo para ti,
sino también el centro de tu universo?
Esa es la única manera como puedo explicar,
el que, al sentirme lleno de regocijo,
por todo el amor que de ti recibo,
no me queda alternativa, sino sentirme por siempre,
motivado, inspirado y agradecido,
contigo amada mía,
así como siempre,
no solo sacas brillo a lo mejor de mi,
así como el máximo de lo que pueda dar,
simplemente por la manera como eres,
y como me haces sentir,
siempre tan único y especial,
mi amor.

COHERENCIA

Buscar cual es el sentido de la vida,
consiste en definir,
¿Qué queremos hacer en la vida?
¿Cómo queremos vivirla?
¿Con quién elegimos vivir?
¿Qué queremos lograr?
¿Cuáles son nuestras metas?
Y,
¿Qué queremos dejar como legado?
Porque, al fin y al cabo,

debemos buscar entender
¿qué significa la vida para nosotros?
Si no estaremos deambulando,
a través de nuestra existencia terrenal,
como forasteros sin destino,
seres con almas sin vida,
y espíritus vacíos.
Encontrar el sentido de la vida
nos permite establecer,
cual es nuestro propósito
y nuestra dirección en la vida.
Porque de otra manera,
daremos tumbos en la vida,
como una nave sin timón ni quilla
o como barco sin brújula.
La fórmula de la vida es diferente,
para cada uno de nosotros
la receta de "cómo vivir" es única
y diferente para cada individuo.
Y, lo que tiene sentido para uno, pocos o muchos,
puede no tener sentido alguno para otros.
Para nosotros entender,
qué es lo que hace sentido en la vida,
necesitamos de la coherencia;
La pega que conecta todo.
La coherencia consiste en conectar con
armonía, que tenga sentido común,
nuestra vida, con nuestras aspiraciones y creencias,
nuestras acciones, con nuestros sueños y metas,
nuestra labor, oficio o arte,
con nuestros mejores talentos y habilidades,
nuestras pasiones con la vida mundana,

nuestras convicciones e ideales
con lo que practicamos cada día,
nuestros valores y virtudes con nuestra fe,
nuestro ritmo con nuestro reloj de vida,
nuestra consciencia con cada segundo
que nos queda en el planeta tierra,
nuestra familia, seres queridos y
nuestros compañeros de viaje existencial,
con nuestro corazón, sentimientos y
lo mejor de nuestra esencia y naturaleza.
Buscarle y conseguirle el sentido a la vida,
es conectar coherentemente,
el significado con el propósito de nuestra vida.

LA VIRTUD

Solo por el hecho de llegar al planeta tierra
y estar vivos
hemos sido bendecidos con gracia,
pero no por ello, hemos nacido en virtud.
La virtud debe ser adquirida a través del tiempo,
a través de esfuerzos extraordinarios
y de perseverancia infatigable.
Las virtudes no son obsequios,
por lo contrario,
tienen que ser,
aprendidas y aplicadas
buscadas y merecidas gracias al empeño,
identificadas y desarrolladas,
nutridas y cosechadas,
cultivadas con disciplina

y construidas con mucho sacrificio.
Adquirimos sabiduría en la búsqueda de
comprensión, sentido común y buen juicio.
Formamos corazones valientes y fortalezas indoblegables,
para desarrollar determinación, resistencia y tenacidad.
Practicamos la compasión y la benevolencia,
para aprender cómo estar conscientes
y siempre estar dispuestos a otorgar y
compartir nuestro amor por la humanidad.
Profesamos la verdad inalienable
y la integridad inalterable,
para cimentar nuestra honestidad,
honor probidad y buen nombre.
Ejercemos serenidad y silencio,
a los efectos de ser pausados y pensativos.
Vivimos en orden y pulcritud,
a los efectos de tornarnos
estructurados, metódicos y organizados.
Buscamos la rectitud y la equidad,
para lograr lo correcto,
la imparcialidad y la justicia.
Exhibimos esperanza inquebrantable,
generosidad ilimitada,
gratitud sin fin y humildad genuina,
con el objeto de retornar y esparcir
todo lo que hemos recibido,
construyendo un legado con todo ello.
Mientras las virtudes crecen,
se tornan en atributos sublimes,
dotados de una condición de noble excelencia.
Cuando desarrollamos nuestras virtudes
y estas crecen,

ellas son la semilla y la base de
todo nuestro sistema de valores y creencias.
Las virtudes son herramientas existenciales imperativas,
sin estar a la búsqueda de ellas,
no seríamos funcionales o coherentes del todo,
como seres humanos,
ya que estaríamos marchando a través de la vida
con las gafas de sol puestas,
incapaces de extraer los frutos de la felicidad
que derivan de una vida al tope.
Nuestras virtudes son las funciones de nuestros valores,
los cuales a su vez son los pilares de nuestro carácter,
por ello al carecer de un conjunto sólido de virtudes,
nuestros valores estarían incompletos
o con serias imperfecciones,
causando fallas sísmicas en nuestro carácter.
Ser virtuoso significa estar equipado con
un conjunto de atributos de excelencia,
para conducirnos en la vida,
bajo niveles extraordinarios de nobleza,
rectitud, sensibilidad, empatía, justicia,
sentido común y buen juicio,
bajo el manto de la inspiración y la felicidad
de una vida en virtud, una vida plena.

EL PERDÓN

¿Qué significa perdonar
Es acaso borrar de nuestra memoria
todos aquellos sentimientos
donde se fusionan en odio y el dolor,
los resentimientos que nunca nos dejan en paz,
o las heridas existenciales,
causadas bien por los actos de otros
o las vicisitudes de la vida?
¿O es acaso el perdón a las transgresiones y
traiciones de aquellos en quienes confiamos?
¿O es la absolución a la deslealtad
de aquellos con quienes contamos?
¿O es excusar las mentiras trascendentales
que nos vienen de aquellos
en quienes creemos ciegamente?
¿O es acaso el eximir las pérdidas irremplazables
creadas por aquellos en quienes dependemos?
¿O es enviar a remisión las ofensas a
nuestra decencia, dignidad, honor y respeto
por nosotros mismos,
causados por aquellos que nos guían
y seguimos a ciegas?
¿O es acaso perdonarnos a nosotros mismos
y primero que nada?
El problema con perdonar nuestros propios actos,
es que siempre buscamos el perdón,
de los otros primero,
como tratando de mitigar nuestra culpa,
a través de la absolución que nos imparten,

los gestos y palabras de otros.
El problema es que,
la culpa no puede ser engañada
con fantasías y falsedades,
los sentimientos de culpa se disuelven únicamente,
si nuestra consciencia lo dice y lo permite.
Por que el lugar donde primero ocurre el perdón,
es adentro de nosotros mismos.
Y solo a través de una
aceptación genuina de responsabilidad,
Ya que ésta es la única y realmente causa
que los sentimientos de culpa se vayan de una vez.
Y solo así,
es como nuestra vigilante y severa conciencia
se apacigua,
abriendo sus puertas de par en par,
para que seamos absueltos.
En ese momento,
cuando lo que otros digan o piensen,
trae totalidad y plenitud,
a los círculos virtuosos del perdón;
Ya que ellos están construidos por
autenticidad y veracidad,
y una vez que somos parte de ellos,
finalmente obtenemos la expiación
de nuestras faltas.
Pero, ¿cuándo perdonamos sinceramente?
Algunas veces pretendemos perdonar,
pero realmente no lo hacemos.
En otros casos,
simplemente no estamos dispuestos a hacerlo,
ambas actitudes son venenosas para el espíritu

y destructivas para el alma,
y mientras más tiempo perduren,
más perdemos de nosotros mismos,
más grande se hace nuestra tristeza
y más devastador el daño
a nuestra capacidad de vivir una vida plena.
Para perdonar realmente,
debemos tener las ganas
y estar dispuestos genuinamente a demostrar
el coraje de llevar dolores, heridas y ofensas,
para así enfrentar a quienes nos las han infligido.
Pero sea lo que sea quien sea
lo qué o quién nos aflija,
una vez confrontado,
tenemos que dejarlo ir.
a cualquiera que sea el paso
que nuestro corazón nos lo permita,
sin depender de nada o nadie,
siempre buscando ponerle finalidad, cierre
y dejándolo ir
para obtener la absolución plena
de nuestras faltas.
¿Y qué conlleva perdonar?
¿Y cómo sabemos que hemos perdonado?
Lo sabemos porque nuestra habilidad de perdonar
es un requisito para nuestro crecimiento personal,
así como para el enriquecimiento
y evolución de nuestro ser.
Si no tenemos la capacidad de perdonar,
nuestras virtudes tienen defectos
y fallas sísmicas,
nuestro significado y propósito en la vida

están irremediablemente mugrosos y nublados.
Y sin perdón,
estamos atascados en reversa,
sin respiración ni oxígeno existencial
para nuestro espíritu y alma.
El perdón es también una precondición
para la felicidad de vivir,
porque sin él,
la felicidad está obstaculizada y minusválida.
La génesis de la noble virtud del perdón
es el elixir mágico de la compasión
y la piedad,
ya que con una conectamos
y empatizamos con el dolor
y las penas de otros,
y con la otra somos iluminados
con gracia en nuestro corazón,
y esta luz divina es la que nos lleva a profesar
devoción, respeto, sinceridad, veneración
y la explicación de nuestras fallas
y las de los demás,
porque al ser piadosos
andamos de la mano de Dios.
Cuando perdonamos,
cubrimos con un manto de bondad
a todo y todos a nuestro alrededor.
Cuando perdonamos,
la vida se renueva a si misma y
las manecillas de nuestro reloj existencial
se mueven en la dirección correcta.
Cuando perdonamos,
un torrente de lava,

proveniente de nuestro propio centro de la tierra,
explota en el cielo,
liberando nuestras entrañas y nuestra esencia
de las anclas emocionales que acarreamos en la vida,
así como sus lastres o pesos muertos.
Y como en un momento u otro de nuestras vidas,
también necesitaremos ser perdonados,
cuando perdonamos,
aumenta nuestra valía como seres humanos,
haciendo mucho más probable,
que nosotros seamos también recompensados
con el perdón.
Cuando perdonamos,
nos elevamos a un estado divino,
de compasión y gracia piadosa,
en la búsqueda de absolución
para nuestra alma y espíritu.

EL SILENCIO DENTRO DE LA MÚSICA

Hay calma en el aire,
no hay sonido dentro de la música,
la fidelidad exclama perfección,
las notas musicales cantan gloria;
hay pureza en el aire,
los violines lloran,
los violonchelos sollozan,
las trompetas cantan,
y los cánticos del piano llegan a
los más profundo de nuestros corazones.
Hay perfección de sobra en el recinto;

absoluta serenidad y armonía,
quietud impecable y perfecta,
para meditar y divagar sin fin.
Hay silencio dentro de la música,
hay silencio mientras transcurre,
hay silencio a más no poder.

Reciprocidad

Al caer el agua, la naturaleza florece;
Al sol brillar se iluminan todos los colores del mundo
a nuestro alrededor.
Al caer la noche brilla el universo entero,
arriba en el cielo a más no poder.
Al respirar nuestro ser alcanza
a vivir otro días más.
Y al tener facultad de ver,
las imágenes de la realidad cobran vida
y solo por ello las podemos disfrutar.
Los mundos de la biología y la física
únicamente pueden ser calculados,
medidos y explicados
a través de la reciprocidad.
Una parte importante
en la esencia de los círculos virtuosos de la vida
es la reciprocidad.
Si la dinámica y la energía son los rugidos
de la naturaleza al operar,
la reciprocidad es un componente clave
del combustible que lo hace posible.
Cuando damos u otorgamos el uno al otro,

hacemos un llamado a los mejores ángeles
tanto de nosotros como de la humanidad entera.
La esencia de recibir cualquier cosa en la vida,
yace en lo que hemos dado u otorgado de antemano.
En cierta manera,
no habremos dado u otorgado nada,
si nada nos viene de regreso.
Inexorablemente, antes o después,
si hacemos el bien correctamente,
la vida nos compensará con creces.
Pero si lo hacemos, de una manera u otra,
la vida nos pasará factura,
y de la manera más inesperada,
por todas y cada una de las cosas que hemos tomado,
sin dar nada a cambio,
seremos despojados de ellas,
o nos serán arrancadas por la vida misma
y aún algo más.
Si disparamos flechas, piedras y balas,
debemos estar preparados a recibirlas de vuelta
y quizás alguna más.
Por otro lado, si regalamos
haciendo buenas obras,
libros y rosas,
todas ellas nos serán repagadas,
en una estampida de retribución y bondades.
La mutualidad es una correlación inmutable,
donde hay siempre más de uno,
y nunca una vía en un solo sentido.
La generosidad es intrínseca a la reciprocidad,
y viceversa.
El poder conjunto de ambas

engendra círculos virtuosos infinitos,
espirales ascendentes y positivos
así como dar y recibir sin parar.
Reciprocar es estar eternamente agradecido
a la vida y al Creador,
haciendo bien al prójimo,
por el privilegio de estar vivos.
Todo esto con
la magnífica y permanente recompensa,
de que todos lo que demos u otorguemos a la vida,
y a todos los demás,
nos será retribuido con creces y algo más.

El desafío como desacato o rebeldía

Cuando desafiamos a las penurias de la vida,
con razones validas y legitimas,
esta actitud firme y deliberada
se convierte en un arma y virtud existencial,
que nos permite retar y confrontar
a cualquier tipo de dificultad u obstáculo.

El desafiar es una fuerza indómita
en la cual no importa impedimento alguno,
ni cuan desafiantes sean las circunstancias,
o profundos sean el dolor y las penas,
ya que cuando se desata,
a través de ella,
ni nuestra capacidad de aguante,
ni nuestro deseo o ganas de vivir,
mucho menos nuestro espíritu de lucha,

podrán jamás ser doblegados
o sometidos por nada ni nadie.

Cuando resistimos
en el nombre de la libertad, la dignidad y la justicia,

Cuando nos oponemos,
en contra de la opresión, persecución y tiranía,

Cuando antagonizamos
la intolerancia, el odio y la discriminación,

Cuando inmutables defendemos
la virtud, los principios y los valores,

El desacato y la rebeldía
se convierten en parte intrínseca
de nuestra fuerza de aguante,
la que nos sostiene y lleva
hasta que al final prevalecemos.

El desafiar
es la más pura expresión
y válvula de escape
de nuestras llamas internas,
las que arden sin parar
aquellas que yacen en nuestra esencia,
en lo mas profundo de nuestro ser,
aquellas a las que no se las puede apagar,
ya que se alimentan de nuestras pasiones mas profundas
nuestras convicciones mas inquebrantables
y nuestras creencias mas firmes.

El desafiar es nuestra fuerza
y a la vez nuestro ímpetu interno,
ambos fieros y salvajes;
Así como la demostración mas fehaciente
de lo que es tener una voluntad de acero y
una determinación imparable,
sin importar a qué Dios nos enfrentemos
o lo que la vida nos pueda deparar.

El desacato y la rebeldía
cuando van tras causas nobles,
son las actitudes que mejor nos definen
como guerreros existenciales,
del tipo que no solo
no pueden ser conquistados o dominados
por las penurias y las dificultades,
sino por el contrario
las enfrentan cara a cara,
y las atacan sin parar,
tratándolas como enemigos de guerra
y les van con todas
hasta que quedan
vencidas, obliteradas y derrotadas.

El desafiar es una herramienta existencial imprescindible,
la cual llevamos con nosotros en todo momento,
para doblegar y acabar con las penurias y dificultades.

Desafiantes es como dominamos
a las vicisitudes en la vida,
es como ahogamos a nuestros miedos y temores,
destruyendo así muchos
de los mas grandes impostores de la vida.

LA CURIOSIDAD

Cuando tenemos el deseo incontenible de explorar,
Cuando tenemos ganas imparables de aventura,
Cuando tenemos el anhelo incesante de descubrir.

Cuando no podemos contenernos en
escarbar, buscar, encontrar, chequear, investigar,
analizar, estudiar y experimentar sin cesar.

Cuando no tenemos miedo al cambio ni a lo desconocido,
ni a nada o nadie que sea nuevo en nuestras vidas.

Cuando estamos totalmente dispuestos
a romper moldes,
nadar en contra de la corriente,
somos completamente indiferentes a los convencionalismos
y somos capaces de improvisar al vuelo.

Cuando podemos contemplar a la vida
con corazones cándidos, inocentes y soñadores.

Cuando no estamos intimidados por
cuán alto, cuán profundo, cuán bajo,
cuán grande, cuán pequeño, cuán impactante,
cuán irrelevante, cuán celebrado, cuán despreciado,
cuán exigente, cuán paciente, cuán calmo,
cuán apasionado, cuán derrotado, cuán triunfante,
podamos volvernos o ser.

Entonces y solo entonces,
estaremos en posesión

del enigmático elixir de la curiosidad,
una contagiosa y poción mágica,
un gusanillo que nos coloca
en un fascinante viaje existencial,
donde flotamos por arriba de la realidad mundana,
bajo el manto del cual buscamos constantemente
ser sorprendidos, maravillados o simplemente fascinados
a través de la adquisición
de conocimientos y experiencias preciosas e invalorables.

La curiosidad nos lleva
a incontables laberintos, lugares místicos,
gente memorable y momentos trascendentales.

La curiosidad nos dota de
espíritus inconformes y de almas llenas de luz de vida.

Como agente de cambio y en la búsqueda de la sabiduría,
la curiosidad es una de las herramientas existenciales
mas valiosas que existen.

Con la curiosidad generamos
excitación, misterios interminables
así como innumerables rompecabezas a resolver
en el transcurrir de nuestras vidas.

Con la curiosidad
permanecemos ligeros, flexibles y abiertos a todo.

Con la curiosidad traemos vida a la vida misma.

Con curiosidad,
siempre estamos listos y dispuestos al cambio,
por lo tanto, también lo estamos para evolucionar.

DECISIONES

No hay peor decisión en la vida,
que la que nunca tomamos,
lo cual no debe ser confundido con decidir
no hacer nada o no tomar acción alguna,
ya que ellas, por sí mismas,
son decisiones que sí hemos tomado.
¿Por qué será
que hay tantos incapaces de tomar decisiones
sobre nuestras vidas o nosotros mismos?
Decisiones para considerar, cavilar o reflexionar.
Decisiones acertadas o erradas,
desperdiciadas o fructíferas,
acogidas o rechazadas,
logradas o presionadas,
decisiones con gozo o desprecio,
elevadas o enterradas,
con duda o certidumbre,
a perseguir o evitar,
a reversar, negar o afirmar,
a lamentar o saborear,
a tomar fehacientemente
o adoptar apasionadamente.
Decisiones, decisiones, decisiones a tomar,
acerca de los caminos a seguir,
las alternativas a elegir,
o el plan de acción a seguir.
Ser decisivo es duro y difícil
Ya que requiere que conquistemos
nuestras peores inseguridades y miedos.
Ser decisivo es una consecuencia

de que estamos resueltos y determinados,
de una manera u otra,
a llevarlo todo
a una resolución o conclusión.
Ser decisivo es el resultado
de estar siempre dispuestos y listos
a entrar en acción,
al escoger entre las opciones pertinentes,
que se nos presentan.
A través de las decisiones
tiene lugar la dinámica existencial,
es como todo y todos,
para el bien o el mal,
se mueve hacia delante o hacia atrás,
en los círculos de la vida.
En este contexto,
el decidir no es alternativa,
sino imperativo existencial,
y sin él,
caemos en un vacío catatónico
en el cual nuestra vida transcurre
sin nosotros ser parte de ella.
Decisiones, decisiones, decisiones por hacer,
decisiones que nos abruman, ahogan y atemorizan,
decisiones que continúan llegando
una y otra vez y nunca dejan de ser.
El estar vivos implica y requiere tomar decisiones,
no hay manera de evitarlo.
Por ello, ante una encrucijada para
que formulemos una opinión, escojamos una opción
o seleccionemos el camino a seguir o actuar,
tomemos la decisión y vayamos adelante.

Las decisiones son opciones inmanentes,
que de manera permanente e inmutable
debemos y tenemos que tomar o hacer,
mientras seamos partícipes
del círculo de la vida.

LA RESISTENCIA
(COMO CAPACIDAD DE AGUANTE)

La resistencia yace en el mero centro,
en la esencia de nuestro espíritu,
La resistencia es una condición vital y virtuosa,
hecha de una fuerza pura de carácter
y deseos incontenibles es implacables
de nuestro espíritu.

La resistencia es ese deseo
de superación indomable,
pasión que es fuego puro,
resto que titubea,
aguante indoblegable,
coraje sin miedo,
terca perseverancia,
creencia que no cavila,
y las ganas imparables,
que son requeridas para vivir
con la intensidad, pasión y aguante necesarios
para tener éxito en la vida.

La persona resistente,
trata de nuevo,
nunca se detiene,
nunca se cansa,

siempre se recupera,
siempre mira hacia delante,
no se queja del pasado,
se adapta en un instante,
estudia y aprende permanentemente,
e ignora el rechazo.
La persona con resistencia
usa el miedo como fuente de fortaleza,
no entiende las palabras:
aburrimiento,
chismes,
resentimientos que nunca se van,
hablar mal de los demás,
o los celos.
La persona resistente,
sobrelleva las penurias,
supera las tragedias,
aprende de la crítica,
trata los fracasos como oportunidades,
los errores como lecciones,
utiliza los "No" como incentivos,
y nunca, jamás, abandona o renuncia a nada.
La resistencia es esa fuerza
casi "súper humana"
que nos permite,
embarcarnos en búsquedas difíciles y exigentes,
con fuerza y confianza en nosotros mismos,
aguantar hasta haber completado la faena,
aun a pesar de retos, retrasos y dificultades
que parecieran ser insuperables,
para retar a la vida,
en contra de todas las probabilidades,

Poesía en equilibrio

con convicción absoluta e inmutable
confianza en uno mismo,
de que no importando quién o qué,
al fin de cuentas,
tendremos éxito.

¿DÓNDE RESIDE LA BELLEZA? ¿DÓNDE YACE?

La belleza se origina en nosotros,
reside dentro de nosotros,
lista a ser descubierta,
lista a ser utilizada.
Para apreciar la belleza en otros,
tenemos que apreciarla en nosotros primero.
¿Y donde puede ser encontrada la belleza?
Pues bien,
si entendemos que se origina en nosotros,
podemos percatarnos y apreciar
que estamos rodeados de ella también,
la belleza que poseemos es la que nos permite
verla en todos y todo lo que nos rodea.
Pero, a menudo,
Lo atractivo no es aparente a primera vista,
porque hay sucio y oscuridad
donde los diamante yacen escondidos,
barro y enfermedades donde se encuentra el oro;
ambos, a menudo detrás de rocas impenetrables.
También hay,
escombros, mugre y polvo
donde se crean obras de arte
y las más finas artesanías,

sucio pegajoso y sulfuro maloliente
donde surgen incontenibles
las riquezas petroleras.
Incoherencia, caos y falta de significado
en los primeros borradores
de los más grandes documentos jamás escritos.
Dolor, sudor y lágrimas en las más nobles
y transcendentes tareas y empresa humana
jamás emprendidas.
¿Y de dónde viene la belleza?
A veces se origina en la fealdad.
A la belleza se le valora más cuando es descubierta
debajo de cosas desagradables y horribles.
A la belleza se le aprecia más
Cuando no es provista o definida bajo un manto
que corre contrario a los estereotipos
o las creencias convencionales.
La belleza también se le da a muchos a cántaros,
quienes fallan totalmente en apreciar
su valor existencial,
porque son incapaces de disfrutar
los aspectos estéticos de la vida,
su magnificencia e incandescencia,
así como lo radiante que puede ser.
Cuando la belleza no nos da inmensa satisfacción
a nuestro espíritu y alma,
es probable que sea pasajera, vacía y llana.
La belleza en todas sus dimensiones,
sea proveniente de objetos o personas,
requiere de nuestra predisposición benevolente
a reconocer y admirarla,
a través del tiempo.

Poesía en equilibrio

La belleza se transforma y cambia a través de la vida,
pero solo ante los ojos que realmente
saben apreciar y disfrutarla,
la belleza nunca disminuye o se va con el paso del tiempo.
La juventud nos da máscaras de belleza,
pero a través de los años,
es la riqueza de lo vivido,
de nuestro espíritu y alma o la falta de ellos,
los que progresivamente se reflejan
en nuestro rostro y expresiones faciales,
las cuales terminan exponiendo qué y quiénes
somos en realidad nosotros,
sin máscara alguna.
La belleza verdadera en la vida,
yace oculta,
lista para ser descubierta,
si hacemos el esfuerzo para ello.
La belleza de una vida bien vivida,
está añejada con nobleza y gracia.
La belleza puede ser encontrada
en esos viajeros de la vida que viven libres de
dogmas, prejuicios y estereotipos,
en aquellos que encuentran y disfrutan la pulcritud,
lo atractivo, la vitalidad, la hospitalidad,
el encanto y la gracias,
así como todos los placeres de los sentidos,
aquellos que celebran genuinamente
todos los aspectos de la vida,
aquellos que saben amar de verdad y son amados,
aquellos que saben dar,
sin realmente esperar nada a cambio,
aquellos que participan activamente en sus vidas,

aquellos que otorgan y valoran
los pequeños detalles de la vida,
aquellos que vuelcan su corazón y alma,
en todo lo que hacen
y viven vidas apasionadas, inspiradas y felices.
Los que están en posesión de
la belleza que perdura.
Un tipo de belleza que,
a pesar de lo que indiquen los sentidos,
a pesar del lugar y las circunstancias,
a pesar de la edad o las riquezas,
e independientemente de nosotros o los demás,
nunca cesa o se va.
La belleza duradera es quizás uno de los más valiosos
regalos existenciales,
y uno de los más difíciles de llegar a dominar
o ser maestro en ella,
ya que requiere que la desarrollemos,
como una cualidad o virtud inmanente,
que nos permita apreciar, usar, valorar
y atesorar la belleza,
independientemente o aun si aparentemente no hay alguna
que se pueda ver, percibir o encontrar.
Pero ¿cuándo se vuelve arte la belleza?
El arte es inherente a la belleza,
tal como la belleza lo es al arte,
el arte nace de la belleza,
el arte crea belleza.
La belleza tiene que ser percibida
para que el artista exista,
el arte transforma lo ordinario en algo maestro,
el arte altera nuestra percepción,

haciendo del objeto no solo atrayente,
sino algo que tiene significado
y propósito para nosotros.
El arte crea una conexión íntima,
casi espiritual y muy intensa dentro de nosotros,
ya que habla el lenguaje de nuestro espíritu
y es un espejo de nuestra alma.
El arte resuena a la belleza
ya que siempre deslumbra a nuestro corazón,
la belleza siempre nace es guiada por éste.
Tal como la belleza, el arte existe únicamente
en el ojo de quien la admira y aprecia,
de ser así,
entonces no hay límites ni fronteras
para lo que puede ser arte,
bien sea un escrito, un ensayo o una obra;
inexorablemente todo y cualquier cosa que toca,
se convierte en arte,
transforma a esos productos en arte también.
El arte es una creación humana deliberada,
guiada por la inspiración, el talento y las destrezas,
pero por sobre todo nuestro corazón.
El arte, aun intencionalmente, siempre es generado
a través del método, la técnica y los estudios intuitivos
de todos los ámbitos del conocimiento humano.
El arte es gracia y bendición,
ya que no podemos evitar sentir la mano de Dios
detrás de su grandiosidad y belleza.
En la intersección entre el arte y la belleza,
reside lo más sublime de las conexiones entre
el espíritu, el alma y todo lo que crea el ser humano.
En ese lugar donde la maestría de la vida,

se encuentra con los talentos que cosechamos,
donde están localizadas la felicidad y la inspiración.
Cuando logramos la maestría del arte y la belleza,
estamos genuina y verdaderamente vivos,
ya que ambos requieren nuestro involucramiento vital.
Un estado sensorial elevado
donde nos volvemos campeones de la vida,
exprimiendo y disfrutando,
lo mejor que ésta nos puede ofrecer.

¡Qué día tan maravilloso es este!

¡Qué día tan maravilloso este es! En el día de hoy me levanto en la superficie del planeta Marte, por un lado, rodeado de un paisaje de piedras de tonos rojos intensos y polvo oxidado, que pronto se hacen monótonos. Por otro lado, un trasfondo con tonalidades color caramelo que no son de mi gusto tampoco pues están en los polos fuera de mi alcance. En todo el planeta no hay aire que respirar ya que la atmósfera de 95% anhídrido de carbono (CO^2). No hay agua tampoco, pues la poca que hay está en los polos, tampoco a mi alcance. Es un planeta muerto pues nada crece aquí.

En este momento cuando me vuelvo para contemplar el cielo de la noche veo a la tierra resplandecer a lo lejos. Su luz emana vida hacia cada dirección del universo. Me conmueve en lo más profundo de mi ser la belleza incandescente de sus verdes, azules y blancos y provoca un sentido de pertenencia que brota y se apodera de mi.

—Esta es mi casa —Me digo señalando hacia el cielo.

Cuando miro a mi alrededor, la presencia de mi planeta vivo se hace notoria en contraste con el planeta rojo en donde

Poesía en equilibrio

estoy parado y me doy cuenta de que la galería de asteroides, cometas, meteoros, lunas, planetas y estrellas en el firmamento, hasta donde tengo entendido, están todos muertos también. Al parecer, nuestro planeta Tierra, es el único que está vivo.

Hoy me levanté adentro de un chip de 10 nanómetros que contiene cien millones de transistores capaces de procesar cálculos algorítmicos y software tan poderoso que cuando se utilice será tan inteligente como el cerebro humano. Me desperté en un mundo donde los seres humanos, nosotros, elevamos a niveles inimaginables de progreso y desarrollo lo que la naturaleza y Dios nos han dado. Yo estoy vivo en medio de todo esto que está ocurriendo, la vida me da la oportunidad de aprovechar y disfrutar todos los beneficios que nos dan los saltos cuánticos del avance humano. ¿Quién puede pedir mejor fortuna?

Hoy me levanté dentro de mi mismo y lo primero que hice fue viajar a la velocidad de la luz a través del cableado y las conexiones de mi cerebro. Al fin de mi viaje recorrí una distancia equivalente a la circunferencia de la tierra. Luego, decidí contar todas las células que me dan vida con la computadora más poderosa en existencia. Primero calculé las neuronas de mi cerebro y llegué a una cifra de varios billones, entonces quise ver cómo funcionan y trabajan el resto de mis células y poco después me encontré con la pantalla de la computadora llena con varios billones de células más. Cada una trabajando independiente, cumpliendo diferentes misiones, pero todas coexistiendo entre si. Me quedé muy impresionado cuando presencié decenas de miles de las mismas células vitales muriendo, solo para ser reemplazadas en el mismo instante. Por no estar totalmente satisfecho, mi curiosidad me llevó a ser testigo de primera fila del momento cuando los virus y las infecciones ocupan nuestro cuerpo haciendo que miles y miles de células enfermas habiten en él, listas para atacar por sorpresa. Fue una maravilla comprender que mi cuerpo está infestado de bacterias que resultan vitales para que exista cualquier tipo de vida. Sin embargo, fui capaz de observar cómo mis mecanismos de defensa mantienen bajo control o erradican cada amague o ataque. Finalmente pude contemplar todos mis órganos en funcionamiento lo cual me causó una profunda admiración y confianza, admirable su vitalidad, así como su belleza y perfección mientras llevan a cabo tareas incesantes y complejas con facilidad.

Hoy me levanté dentro de mi y me di cuenta de que el mero hecho de estar vivo es un milagro continuo que se renueva cada segundo que habitamos nuestro planeta Tierra.

Hoy finalmente entendí que estar vivo es un balance delicado y que existe una línea muy delgada entre la vida, la enfermedad y la muerte.

Hoy me desperté dentro de mi y pude ver cuan infinitamente complejo es todo mi ser y cómo he sido provisto de este magnífico y extraordinario organismo –mi cuerpo– para habitar en este planeta.

Y fue así como finalmente entendí cuan precioso es cada momento.

Hoy me levanté en la cima del mundo y sentí al aire correr a través de mis pulmones. Me di cuenta de que solo un par de minutos sin él y es el fin de todo: ¡la vida se nos va! En ese momento observé y aprendí cuales son los ciclos, climas y alimentos, además de los nutrientes que deben ser sembrados, cosechados o producidos en todo momento y siempre para poder alimentarnos. También me di cuenta de que en poco tiempo nos debilitamos y pasamos hambre si no existe abundancia a nuestro alrededor. Es así como al entender que nuestro planeta y la naturaleza proveen para los billones de seres humanos que existen hoy en día con perfección paritaria, con el acceso a los recursos para cubrir sus necesidades básicas.

Hoy cuando me levanté me di cuenta de que la Tierra es el único planeta conocido en nuestro universo que no está muerto. Finalmente entendí cuan pocos de nosotros pasamos de ser células reproductivas a seres humanos. Hoy finalmente desperté a la vida y me sentí vivo de verdad. Hoy, de una vez por todas, me siento agradecido por el simple hecho de estar vivo.

¡Este es un día maravilloso! La vida también es maravillosa y estas dos naves –mi planeta y mi cuerpo– son mi bendición. ¿Qué espero? ¿Qué esperas? Simplemente disfrutemos el hecho de estar vivos.

LA SERENIDAD, EL CORAJE Y LA SABIDURÍA

La serenidad es un estado contemplativo de absoluta paz interna y de calma deliberada e inmutable.

Es una condición de placidez que nos permite observar la película de la vida desde afuera en cámara lenta, donde parecemos hacer pausa en cada cuadro de las imágenes y tenemos la falsa percepción de que el tiempo vuela o arrastra los pies y simplemente desaparece dando cabida a una refrescante y genuina medición del tiempo.

La serenidad es también un ingrediente clave de la moderación, bien sea de manera meditativa, pensativa, reflexiva o contemplativa. La calma y la placidez son conductas que facilitan la cautela, la tolerancia, lo restringido y la prudencia. Estos al mismo tiempo son los mejores antídotos a comportamientos impulsivos o no pensados suficientemente bien.

La serenidad nos dota con la habilidad de considerar alternativas u opciones al desarrollar conductas tolerantes suficientes para tomar tiempo en buscar decisiones.

Tal vez elegimos la pasividad de la serenidad o decidimos actuar de manera instintiva con nuestro cerebro, corazón o alguna combinación de ambos. Con la serenidad la vida transcurre en cámara lenta y nuestro frenético ritmo se congela. Solo encontramos pausa al estar en paz.

La más grande de las virtudes de la serenidad es la aceptación o el entendimiento de que hay realidades que son inevitables, irremplazables o irreversibles. Por eso la serenidad es una de nuestras mejores armas existenciales ante la evasión de la realidad.

La serenidad se convierte en un ingrediente clave del coraje al darnos claridad, finalidad y cierre.

Mientras la valentía y el valor estés impregnados de serenidad serán más indoblegables e invencibles.

Sin serenidad el coraje puede ser una misión suicida.

El coraje es nuestro mejor recurso para sobrellevar las adversidades extremas y las penurias o los obstáculos y dificultades aparentemente insuperables o la derrota y devastación total por las pérdidas o fracasos y en contra de las peores posibilidades.

El coraje es también nuestra mejor arma para domar y controlar los miedos. Y es así como cuando actuamos con valentía y coraje, nuestros miedos se vuelven nuestros aliados y en vez de ser excusas paralizantes se vuelven en el combustible que propulsa el fuego de nuestro coraje.

De esta manera la ausencia de miedo se torna en nuestra razón para actuar, a los efectos de prevenir o reversar las consecuencias de aquello a lo que tenemos miedo.

Así es como el coraje está repleto de miedo positivo y activo. Cuando entramos en acción para llevar a cabo cualquier cosa difícil, el coraje no tiene miedo, por el contrario, es intrépido y atrevido.

El coraje es una virtud indómita del espíritu, instigada por nuestras creencias, pasiones, nuestro corazón y el miedo.

Cuando el coraje y la serenidad se relacionan, la sabiduría nos ilumina con la sagacidad y buen juicio para decidir o ser capaces de aceptar con calma las crudas realidades y derrotar al negarse a aceptarlas.

Cuando nos decidimos por el coraje, este nos permite a menudo reversar lo improbable, lo imposible, lo irreversible y lo que parece inevitable o usarlos a ambos, de acuerdo a las circunstancias.

LA FÁBULA DEL JOVEN VIEJO Y EL PAYASO

El payaso camina de regreso a su camerino
mientras la multitud
en la carpa del circo,
todavía aplaude.
Su cara está plastificada de blanco
con una sonrisa perpetua.
Tiene una boca gigante pintada en el rostro
y una nariz redonda
ambas pintadas de rojo.
Tiene puesto un sombrero de colores
en forma de cono,
caído de lado,
el cual le cubre una cabellera
que le llega a los hombros,
con mechones color naranja brillante.
Sus ropas le cuelgan de lo grande que son,
parecen las ropas de un arlequín, por un lado
y por el otro tiene lunares rojos sobre fondo blanco.

Sus zapatos gigantes,
parecen lenguas colgantes,
enormemente anchos al frente
y súper delgados en la parte de atrás.
Su comportamiento despreocupado,
a veces es chocante y otras vergonzoso,
ya que todo y todos son objetos de sus burlas.
Sus actos parecen una parodia de la realidad,
un viaje a la parte más ligera de la vida.
Pero no todo es como parece ser en la vida,
¿o acaso lo es?
La voz diminuta interrumpe su caminar:
'¡Payaso, payaso!'
Lo llama el joven muchacho desde el pasillo.
El payaso se vuelve y lo observa
con sus penetrantes ojos verdes.
'Esta sesión está reservada para los aristas, además
¿no es usted demasiado joven para estar merodeando
por estos lugares?'
'Mis padres están al otro lado del telón,
alimentando las jirafas con mi hermanito,
ellos saben que estoy aquí'.
'Muy bien, ¿y entonces?'
Pregunta pensativo el resignado payaso,
mientras se lleva una mano a la barbilla.
'Payaso, ¿tu profesión es hacer reír a la gente?'
Pregunta con seriedad el muchacho.
'¿No es eso lo que hacen los payasos?'
Responde el payaso con un acertijo.
El joven imperturbable continúa preguntando:
'Payaso, haces a la gente feliz,
¿entonces eres un fabricante de felicidad?

Poesía en equilibrio

El payaso se relaja apoyado en la puerta del camerino.
¿Acaso no es eso lo que busca la gente en un circo?
El payaso responde con otra pregunta,
pero todavía no da información
a su joven admirador.
'Por favor, me escusa'
El payaso entra al camerino.
'¡Payaso, payaso!
Suplica el joven.
'En su cara no hay una sonrisa pintada,
no es nada divertido,
de cerca no parece genuino,
pues sus ojos exhalan tristeza y
especialmente enojo, tal vez hacia mí'.
Balbucea el muchacho impulsivamente.
La primera reacción del muchacho es cerrar la puerta,
pero no lo hace para su sorpresa.
'Hombrecito, eres muy observador,
entra y toma asiento',
El payaso deja la puerta abierta.
Una vez sentado le ofrece al joven
una caja llena de chocolates y bombones,
y lo deja escoger los que quiera.
'Payaso, haces a los otros felices,
pero tu no lo eres, ¿por qué?'
'¿No es así como muchos viven,
manteniendo las apariencias en público,
pero escondiendo de los demás,
sus realidades más oscuras?'
'Payaso, cuando te vi de lejos,
haciendo lo que mejor haces
que es hacer reír a los demás,

siendo aplaudido por todos,
tu vida me pareció de fábula,
pero ahora, aquí sentado al lado tuyo,
me pregunto,
¿como es qué no eres feliz?'
'¿Acaso la vida no es así?
Siempre nos falta algo,
aquello que más buscamos,
pero no tenemos o podemos conseguir,
o siempre vamos tras metas,
pero cuando finalmente las alcanzamos,
ya han cambiado,
muchas veces por nosotros mismos,
y una nueva meta las reemplaza'.
Declara el payaso con sarcasmo.
'Payaso, lo que tienes ahora es suficiente,
¿No es así?
La persecución de tus metas,
lo que llamas estar tras ellas,
ese camino,
está lleno de momentos especiales,
y aquellos que se deleitan con lo que haces
están allí para disfrutar tus actuaciones.
Tienes que celebrar el viaje de la vida,
mientras este ocurre,
para no perder parte de él'.
Declara el muchacho con gran sabiduría.
'La vida no es un cuento de hadas, joven
esos solo están en los cuentos infantiles,
en el mundo de las fantasías'.
Declara el payaso desdeñoso.
'Mi vida es una fábula'.

Poesía en equilibrio

Dice el joven alegre.
'Seguro lo es porque naciste en cuna de oro
y has disfrutado siempre de privilegios
que traen el dinero y el éxito.
Seguramente tus padres están felizmente casados,
no tienes penuria o dolor,
por eso tu vida es un cuento de hadas,
pero prepárate, te llegará el momento,
en que no será así'.
Dice el payaso con cinismo punzo penetrante.
'Payaso, soy huérfano,
esos son mis padres adoptivos,
estábamos desamparados hasta hace poco,
pero mi padre consiguió trabajo como conserje,
mi hermano menor anda en muletas,
tuvo polio a los cinco años'.
Profundamente emocionado dice el joven.
El payaso se lleva la mano a la boca,
shock y vergüenza.
'Lo siento mucho'.
El muchacho lo interrumpe:
'Payaso, eres un hombre privilegiado,
haz inventario de tu vida,
evalúa todo lo que disfrutas cada día.
Usa tu acceso diario
a la felicidad y la risa,
porque ellas son,
celebraciones a la vida.
Tu fábula en la vida reside en ti.
¡Conténtate!
Haces lo que te apasiona,
y a la gente le fascina lo que haces,

¿qué más se puede pedir a la vida?
Podrías hacer de cada circunstancia,
lugar o gente a tu alrededor,
partícipes en tu fábula'.
Dice el joven con profunda sabiduría.
'Ahora entiendo de donde brota
la fuente de sabiduría
en tus palabras'.
Declara el payaso.
'Y ¿cuál será payaso?'
'Las penurias te han hecho quien eres,
con sabiduría superior a tus años'.
Dice el joven para despedirse:
'La vida es una fábula que reside dentro
de cada uno de nosotros;
lista para ser vivida y disfrutada,
independiente del lugar y circunstancias;
solo requiere de ingenuidad
y candidez en el alma,
así como un genuino deseo del espíritu
de vivir el viaje de la vida'.
Sus padres se acercan por el pasillo.
'Tiempo de irnos', anuncian.
El joven muchacho sale caminando
con una gran sonrisa.
'Payaso, fue un verdadero placer conocerle,
lo he pasado de maravilla,
ha sido un momento realmente mágico'.
Dice con alegría.
'Joven, fue mágico para mi también,
fue como...'
Comienza a decir, pero se detiene sorprendido

y lleno de emoción.
'¿Una fábula? Pregunta el joven,
con una amplia sonrisa.
'Ciertamente lo fue, y una lección
existencial bien aprendida'.
Dice el payaso con ojos brillantes,
finalmente haciendo su sonrisa pintada,
genuina y verdadera,
por primera vez en su vida,
y quizás para siempre.

UNA SIMBIOSIS MUY PARTICULAR

Soy todo tú,
eres todo yo,
somos todo tu
somos todo yo,
tú eres yo
yo soy tú,
somos para siempre,
un solo tú
un solo yo,
somos uno solo,
uno y solo uno,
tú y yo,
ambos,
para siempre.

EL CASO DEL NIÑO CURIOSO Y EL INQUIETO MAGO

Usa una capa azul con estrellas plateadas sobre una chaqueta azul eléctrico, su sombrero de bombín está ligeramente inclinado hacia un lado, su vara mágica es negra con puntas de plata. Durante una hora desafía la ley de la gravedad y todas las capacidades sensoriales de la audiencia. Ha leído sus mentes, ha cortado a unos por la mitad y a otros los ha desaparecido. Sus actos desafiantes e inesperados a la realidad y el sentido común han hecho que todos exclamen con asombro y deleite. Todo llega finalmente a un clímax en un gran final donde él flota en el aire y desaparece de repente en medio de una explosión controlada de fuegos artificiales que destellan hacia todos lados. Pronto reaparece y desaparece en los balcones del anfiteatro hasta que reaparece nuevamente en el escenario principal agradeciendo a la eufórica audiencia.

El mago se retira del escenario al terminar su acto de ilusionista. Un niño le espera para que conteste miles de preguntas:

—Señor mago, ¿usted hace magia o es fantasía? —cuestiona el niño.

—Es ambas, —responde el mago inquieto.

—Si es una no puede ser la otra, —insiste el niño.

—¿Por qué? —responde el mago impaciente.

—Porque ¿es real o no? —concluye rápidamente el jovencito.

—La magia y la fantasía no son la misma cosa, —explica el ilusionista.

—Entonces ninguna es real, —concluye rápidamente el jovencito.

—Para algunos sí, pero para otros no, todo depende en cómo las contemple cada uno, —clarifica el mago.
—Pero..., ¿cómo puede ser real una fantasía? —pregunta el ofuscado inquisidor.
—Si es real para ti, entonces esa es tu realidad. Es la señal de un espíritu inconforme, uno que vive su vida con su propia realidad, —declara el sabio ilusionista mientras extrae un pedazo de papel de su sombrero. —Este viejo escrito lo define muy bien, se llama El espíritu inquieto.

El mago comienza a leer con gusto...

El espíritu inquieto posee
un deseo incontenible de vivir,
una urgencia de buscar,
una necesidad de investigar,
un imperativo de alcanzar y lograr.
El alma inquieta siempre busca escoger un camino a perseguir.
El gusanillo de la inquietud,
la raíz de ese deseo incontenible
que mantiene nuestros motores existenciales,
activos incesantemente,
es la curiosidad.
La curiosidad es una condición y actividad
de la inquisición espontánea,
unas ansias instintivas,
de aprender cosas nuevas.
La curiosidad y la inquietud
son actitudes humanas,
que inexorablemente nos llevan,
a la creación de ideas,
acerca de cosas
que todavía existen.
La totalidad de la civilización

y el progreso humano
se derivan de ideas,
que, al principio,
ante los ojos de otros,
eran solo fantasías dentro de la imaginación,
pero para los soñadores,
eran absolutamente reales.
La magia y la fantasía
son el mismo tipo de realidad
con la cual tenemos que soñar primero.
Este tipo de soñadores son poco comunes,
todos poseen espíritus inquietos y curiosos,
llenos de magia y fantasía,
ambas versiones deliberadas
de una realidad distorsionada,
solo esperando ser descubiertas.

—Gracias mago, muchísimas gracias, —dice el niño con su cabeza llena de curiosidad e inquietud salpicada de magia y fantasía.

El increíble designio de estar juntos.

¿Quién escribió el guión de esta película?
¿Será que se hizo solo a través del tiempo?
Será que tanto tú como yo hemos sido los directores y productores y hemos contado con una buena audiencia.
Será que hay un designio invisible más allá de todo esto, el cual siempre ha estado allí, aguardando en el tiempo, esperándonos para guiarnos por un sendero maravilloso donde cada día descubrimos más felicidad.

Un sendero de amor a través de la vida, un piso firme sobre el cual caminar.

Un escudo seguro desde el cual emprender el difícil viaje de la vida, protegidos de todos aquellos que nos pueden dañar.

Un filtro mágico que nos permite contemplar la vida desde sus mejores ángulos para exprimir de ella, gota a gota, las mejores formas de vivir.

Un sendero generoso desde donde podamos dar a los demás, sembrando con bondad mientras pasamos por las flores, que embellezca aún más nuestro sendero al andar.

Una alfombra mágica sobre la cual vivamos juntos y que nos lleve hasta donde nuestra imaginación alcance.

Este guion, nuestro guion, fue escrito con tinta comprimida y densa que vamos dejando en este frenético éxtasis de ser dos almas fundidas la una con la otra, dos almas urgidas de todo lo que la vida nos da por un ratito y luego se nos va.

Un guión escrito con el amor de quienes nos rodean.

Un guión cargado de fuerza e intensidad.

Un guión donde la ternura, la pasión y la incondicionalidad son compañeras de viaje, son pilares de nuestra felicidad.

Es el guión de la película más bella que jamás se haya escrito.

Es un guión con el invisible designio de estar juntos y que tu y yo estemos unidos para siempre.

DE CÓMO EL AMOR LO ILUMINA TODO

Como materia,
somos finitos y somos polvo,
somos energía efímera,
pero, ante todo,
somos milagro de Dios.
Como razón,
somos consciencias y pensamiento,
somos imaginación,
y en nuestras mentes,
el mundo es idea y sombras.
Como espíritu,
somos almas, somos todo amor,
y de esta energía existencial emanan destellos,
luces que nos dan el sentido de vivir,
luces que nos transportan lejos,
adonde reside el amor.
De la materia y la razón,
solo el espíritu trasciende al infinito,
el alma es su motor,
y a su vez,
la fe es la luz que emana del alma,
pero la luz entre todos los hombres,
la que se origina en el espíritu,
esa solo,
es el amor.

CUANDO ESCRIBO PARA TI

Cuando escribo para ti,
te doy en estos papelitos un pedazo de mi.
Cuando escribo para ti,
te entrego, quizás, algo de lo mejor de mi.
Cuando escribo para ti,
te escribo de mil formas cuando te quiero,
Cuando te amo, aun grande es mi sentir.
Cuando escribo para ti,
te ofrezco mis mejores regalos,
Esos que no se pueden tocar,
Esos que solo se pueden sentir.
Cuando escribo para ti,
la vida se embellece con palabras,
mi corazón se hace sentir.
Cuando escribo para ti,
todo lo que siento se vuelve magia.
Y toda ella es tuya sin límites, ni fin.
Cuando escribo para ti,
el mundo y el tiempo se detienen,
las palabras fluyen,
el espíritu se enriquece
y el alma sonríe,
¿qué más le puedo pedir?
Cuando escribo para ti,
hay alegría en el amor,
el espíritu es cristalino,
y el alma inocente.
Cuando escribo para ti,
sabrás y sentirás que siempre será

la mejor y más pura ofrenda
que te de y te pueda dar yo a ti.

LA CONVERGENCIA

La convergencia y la confluencia
son oportunidades existenciales
que nos llegan en el momento adecuado.
Cuando hay convergencia,
nos congregamos y convenimos
a través de la concurrencia y la congruencia
de intereses comunes,
senderos de la vida,
y de una forma u otra,
a través de lazos o conexiones preexistentes.
Similarmente,
cuando ocurre la confluencia
a través de la convocación,
buscamos concertación, congenialidad y conciliación.
La convergencia y la confluencia
son oportunidades existenciales raras y únicas,
pueden ser pasajeras y no repetibles,
por ello es por lo que,
cuando son positivas y carentes de maldad,
tomamos ventaja de ellas en el instante,
nos apoderamos de la oportunidad,
y no dejamos que ninguna de las dos se vaya nunca.

DICEN QUE EL AMOR

Dicen que el amor es nunca tener que pedir perdón,
Nunca tener que decir lo siento.
Dicen que el amor es por ende perfecto,
y como es de dos, doblemente mejor aún.
Pero este amor sin perdones ni arrepentimientos,
es rígido y egoísta.
Es el amor donde el perdón es reemplazado,
por el ofuscamiento y la reprimenda solitaria.
Es el amor donde el arrepentimiento es reemplazado,
por el amor propio herido,
por la dignidad y el orgullo ofendidos.
Pues, todo lo contrario,
el amor es saber perdonar a quien se ama,
y perdonando al otro,
se perdona uno mismo también.
Porque el amor entre dos es unísono,
Y cuando falla, fallan los dos,
o quizás quien ha fallado es el otro,
y no al que primero se culpó.
El amor es arrepentirse juntos.
El amor está ausente de dignidades,
orgullos y territorios sagrados o prohibidos.
En el amor lo que importa es si el gesto,
o la falta del uno u el otro,
fue hecho o hecha por amor.
El amor no es altivo,
el amor es humilde,
en el amor el reclamo ennegrece,
el castigo opaca,

el orgullo mancha,
la dignidad hiere,
el castigo mata.
La ofensa nace con el perdón
y el remordimiento es de los dos.
Es así como el perdón en el amor no existe,
es así como decir lo siento no es necesario,
porque en el amor la ofensa nace con el perdón.

CUANDO NO ESTEMOS JUNTOS

Quisiera saber ¿cómo estás?
Ojalá que estés feliz como estoy yo.
En tu voz he notado la tristeza,
y de ella quisiera liberarte.
Lo nuestro es demasiado bueno,
como para no regocijarse permanentemente.
Sé espontánea, así siempre serás tu.
Tratemos de nunca ser rígidos.
Todo este devenir ha sido,
una fuente que ha brotado sola.
Nadie la ha empujado.
Déjame ser, que yo te dejaré ser a ti también.
Seamos los dos juntos,
tal como cada uno es,
que bastante parecidos somos ya,
el uno y el otro,
cada uno de los dos.
Y así, estaremos espontáneamente unidos,
cada vez más cerca.
Quisiera saber ¿cómo estás?

Poesía en equilibrio

Quisiera saber ¿cómo te encuentras?
Quisiera que estés bien, como lo estoy yo.
Que mis palabras, cuando no estemos juntos,
te sirvan de aliento y no de reclamo,
de apoyo y no de exigencia.
Y quiero que sientas la fuerza,
que hay en nosotros dos como pareja.
Y que esta fuerza sea tu alegría,
cuando no estemos juntos.
Quisiera estar contigo ahora y siempre,
pero que cuando no lo estemos,
que la pareja te sirva de carroza y escudo.
Y que te inspire a ser más feliz que nunca,
para que los días separados pasen rápido.
Que seamos serenos, llenos de paz y calma.
Y que como siempre, en el reencuentro,
el sentimiento haya crecido,
la pareja sea más fuerte,
el amor sea cada vez mejor,
y así, al no estar juntos,
el tiempo pase rápido,
y pronto, muy pronto,
estemos reunidos, una vez más,
solo tu y yo,
mi amor.

Los murmullos de las almas

Hoy recordé aquellos murmullos,
y en silencio me deslicé hacia el pasado.
Aquellos sonidos eran suaves y constantes,
eran como un riachuelo cristalino y sonoro.
El murmullo de las almas nos llegaba y de repente,
estábamos entre bastidores.
El escenario, la obra, los actores y el público,
estaban del otro lado.
Desde atrás, entre bambalinas,
oíamos la vida.
Y desde lejos no distinguíamos la representación,
ni los disfraces, ni el escenario.
Las figuras de uno y del otro lado eran borrosas.
Oíamos solo los murmullos.
Y casi sin sentirnos y sin percatarnos,
parecía que escuchábamos las almas.
Los sonidos de sus almas nos llegaban,
como un susurro lejano,
las palabras no se distinguían,
solo su cadencia.
Las gentes no eran quienes
querían o creían ser,
las gentes no eran quienes
aparentaban ser,
sus almas susurraban algo distinto.
Hoy recordé aquellos murmullos,
aquellos sonidos,
que eran suaves y constantes.
Era como un riachuelo cristalino y sonoro,

era el murmullo de las almas,
que nos revelaban la verdad,
de quien en realidad eran,
los que pretendían ser algo distinto,
a lo que sus almas podían ver.

ÁNIMO, ANIMUS, ÁNIMA

Ánimo, Animus, Ánima.
Ánimo, Animus, Ánima.
¿Qué importancia tiene?
¿Cuál de ellas es?
Después de todo,
son todas una misma cosa.
¿Sorprendido?
Coloquialmente hablando, el ánimo,
en su forma más negativa o perniciosa,
está asociado en parte con,
el mal ánimo, la animosidad,
o un sin fin de malos sentimientos,
que podrían estar bien enraizados en nosotros,
de acuerdo con las circunstancias.
Pero no podría haber,
un peor uso del término,
ya que su significado es mucho más amplio.
Por ello es por lo que, en este verso,
la palabra está seguida,
por sus homónimos animus y ánima.
Por lo tanto, de aquí en adelante,
es el otro lado del ánimo,
el bueno,

al cual nos estaremos refiriendo.
Luego, ¿ es Ánimo, Animus, Ánima?
Pues bien, cualquiera de las tres,
esto es lo que todos ellos son...
El ánimo es un estado o condición,
que señala nuestro involucramiento vital,
en el juego de la vida.
El ánimo es "el deseo" y "las ganas de", juntos.
El ánimo puede ser una actitud,
hacia algo o alguien,
cualquiera de ellos.
O puede ser un estado o condición,
resultante de las formas o maneras,
pertinentemente deliberadas,
aun aquellas que son sin intención,
de cómo vivimos la vida.
El ánimo es el ímpetu del espíritu,
la llama del alma,
es la fuerza vital del corazón,
el conductor de nuestro designio,
el motor detrás de nuestras intenciones,
la catálisis de nuestro propósito,
la energía vital detrás de nuestro significado,
el combustible de nuestros planes,
el ingrediente secreto detrás de nuestro coraje,
la luz que ilumina nuestra mente,
la energía detrás de nuestra disposición y ganas,
el ánimo es el nivel de intensidad
con el cual encaramos la vida,
es un estado o condición donde estamos dispuestos,
y tenemos ganas imparables de hacer las cosas.
El ánimo nace en el mero centro de nuestro espíritu.

Ánimo, Animus, Ánima,
si no está presente de manera espontánea,
desde el principio de nuestros senderos existenciales,
es una condición por la cual,
tenemos que luchar y usar todos nuestros esfuerzos,
por adquirir,
a los efectos de que encontremos,
esa predisposición natural,
a hacer o emprender,
cualquier cosa que nos propongamos,
o debamos hacer en la vida.
Ánimo, Animus, Ánima,
¿Qué importa?
Después de todo,
son todas una misma y sola cosa.

MIENTRAS EL TIEMPO SE NOS VA

Mientras el tiempo se nos va,
y la vida transcurre,
las tragedias nos recuerdan,
cuan preciosa la vida es,
y cuan privilegiados somos,
de estar sanos y salvos.
La vida es corta, muy corta,
tenemos que vivirla a tope,
exprimiendo cada gota,
a cada día.
Nuestra familia y amigos son,
nuestros compañeros,
en el intenso viaje de la vida.

El trabajo y el placer,
son necesarios para mantenernos ocupado.
Y mientras el tiempo se nos va,
la vida transcurre,
y el turno de la próxima generación,
se aproxima.
Nuestra mayor satisfacción,
consiste en ver a nuestros descendientes,
viviendo una vida plena,
libres y sanos,
exitosos en lo que hagan,
felices con sus vidas,
amigos y seres queridos.

¿Recuerdas esos ojos?

¿Recuerdas esos ojos?
Sí, los recuerdo… siempre los recordaré.
Sus ojos nos sonreían,
con pequeños destellos en sus esquinas,
y luego hacían ese movimiento imperceptible,
donde parecían acercarse,
como si en ese momento,
uno fuera la persona más importante,
en el mundo, por lo menos para el,
sentías que tenías su atención,
y respeto absolutos.
Sus ojos leían a la gente tan bien,
llenos de vida y optimismo.
Sus ojos nos conmovían,
al sentir su total aprobación,

dándonos a la vez la certidumbre,
de que tenía y nos otorgaba,
su fe total en uno.
Jordan era una fuente de fortaleza,
y era capaz, rápidamente,
de acercarse a nosotros,
como los que realmente aceptan a otros pueden.
La vida de Jordan fue una celebración,
una vida que es preciosa,
una vida que, porque es corta,
debe ser vivida en pleno,
experimentando cada segundo
que ocurre.
Una vida donde entregarse a otros,
es el mejor legado que nos deja.
¿Recuerdas esos ojos?
Sí, los recuerdo... siempre lo haré.
Adiós Jordan,
Te extrañaremos mucho y por siempre, hijo mío.

PARA NUESTROS HIJOS

Que crezcan fuertes y sanos.
Que descubran un mundo difícil,
pero fantástico a la vez.
Que lo viajen y conozcan a su gente.
Que amen el prójimo,
y ayuden a quien lo necesite.
Que todo lo que emprendan,
lo hagan con convicción y dedicación.
Que con sus padres disfruten,

de una infancia feliz,
con mucho amor,
llena de sueños e ilusiones.
Que a medida que crezcan,
vayan descubriendo todo lo que los rodea,
tal como es.
Que paulatinamente,
se vayan descubriendo a si mismo,
tal como son,
como Dios los trajo al mundo.
Para que sean quienes sean,
que sean felices.
Para que sean lo que sean,
lo haga a plenitud.
Para que sean siempre,
ellos mismos.
Les enseñaremos a ser,
humildes, honestos y desprendidos.
Les ofreceremos nuestro amor,
a la sabiduría, los deportes,
y la naturaleza.
Les enseñaremos disciplina,
y les exigiremos tanto,
como puedan dar,
y algo más...
Los haremos fuertes,
y les enseñaremos a vivir al tope,
sin descanso,
sin que se pierdan un día,
sin que la vida pase,
y no la sepan aprovechar.

El destino

La vida es una madeja de acontecimientos,
que no podemos gobernar.
Nuestro destino se crea a cada milésima de segundo,
en una cadena de acontecimientos infinita,
interminable y totalmente al azar.
Eventos que se entrelazan, relacionan,
infieren y se influencian entre si.
Toda ocurrencia en la vida de los seres humanos,
es un maravilloso y complejo accidente.
De allí lo infinito de nuestras vidas,
lo inmediato de nuestro vivir,
y lo incierto de nuestro futuro.
Somos un accidente,
todo lo que vivimos es un complejo accidente.
La vida es una interacción infinita,
de hechos de la naturaleza,
actos de los seres humanos,
y eventos derivados de las cosas,
y objetos que el ser humano crea.
Tenemos control ínfimo sobre la vida,
pero si las circunstancias lo permiten,
con mucha fe,
ella nos puede deparar inmensa felicidad,
y abundante bienestar.

Los círculos virtuosos de la vida

Al caer el sol,
y terminar la vida,
el horizonte explota,
en miles de colores,
amarillos, naranjas y rojos de fuego,
que encienden el cielo,
simbolizando la celebración,
de un viaje que termina.
Tal como en la vida,
por la partida de nuestros seres queridos,
que ya no están más con nosotros,
las sombras y las tinieblas nos envuelven,
en un mundo oscuro y negro,
pero no por mucho.
Cuando echamos un vistazo,
y observamos hacia arriba el firmamento,
reconocemos que en él todavía hay luces,
aun cuando estemos acongojados,
son luces en la oscuridad,
ya que incontables estrellas y la luna misma,
iluminan a todo el cielo de la noche.
E inexorablemente tal como en la vida,
un nuevo día radiante se acerca.
Al principio irrumpe
como un minúsculo rayo de luz en el horizonte.
Poco después,
un nuevo comienzo,
inevitablemente se inicia desde la oscuridad,
lleno de luces brillantes y vívidos colores.

Poesía en equilibrio

Un renacer, un nuevo comenzar,
nos hace darnos cuenta de que,
todo a nuestro alrededor es recurrente,
recursivo y regenerado,
y que cada nuevo día comienza,
una renovación de la existencia humana.
Es así como cuando una vida cesa,
y un día termina,
la noche entra en escena,
pero solo por poco tiempo,
ya que una nueva vida empieza de inmediato,
un nuevo día comienza,
y las luces de la vida,
rápidamente se esparcen,
a todo dar en el horizonte.

El entusiasmo

Existen pocas expresiones,
que describan mejor lo que significa,
estar verdaderamente vivos,
como el entusiasmo.
El entusiasta está impregnado,
de una aureola radiante,
una efusividad bulliciosa,
un deseo imparable e incontenible,
una curiosidad inmensa e impaciente,
una energía exaltada y positiva,
para embarcarse e ir tras círculos,
virtuosos interminables.
El entusiasta está poseído,

por un ímpetu avasallante,
pero a la vez refrescante.
Unas ganas enormes de hacer las cosas,
vivas y efusivamente.
El entusiasta es un emprendedor incesante,
que nunca para de tratar de,
explorar, experimentar,
o vivir la experiencia,
con todo lo que está a su alcance.
Para el entusiasta,
la vida es una serie de preciadas recompensas,
de sueños probables,
o posibles "viajes a la luna",
solo esperando a que se intenten.
El entusiasmo es el mejor antídoto,
ante la pasividad, la indiferencia,
o falta de pasión.
Pero también, el entusiasmo,
es parte esencial de la inspiración,
la felicidad y el amor verdadero.
Las cascadas espontáneas de bondad,
son naturales en el entusiasta.
Ellas son en realidad,
catalizadores del gozo deliberado.
Señales inconfundibles que simbolizan,
la llave mágica,
para entrar en la tierra del entusiasmo,
una donde somos bendecidos con gracia,
bajo un manto de vitalidad palpable,
vibrante, pulsante e indomable.
Una vida apasionada e inspirada,
siempre está repleta de entusiasmo,

que a su vez es el catalizador secreto,
para destapar la felicidad continua,
en nuestro viaje existencial,
a través del planeta tierra.

EL ÉXITO Y EL DINERO

No se trata, en lo más mínimo, que el amor emerge por
causa del éxito, por el contrario, en la vida, todo es acerca del
éxito engendrado por causa del amor.

LA FÓRMULA DE LA FELICIDAD

El amor, el equilibrio y los valores,
son los cimientos de la pasión,
el ritmo al cual vivimos y el "estar conscientes de",
lo que nos rodea.
Cuando amamos de verdad,
cuando llevamos una vida balanceada,
cuando vivimos de acuerdo a nuestros valores,
espirituales, familiares, morales y éticos,
tenemos la llave de la felicidad continua.
Cuando hacemos lo que nos gusta,
y lo hacemos con pasión,
cuando vivimos con intensidad y ritmo,
cuando capturamos y exprimimos,
cada momento que estamos vivos,
Y cuando nos esforzamos en dar,
y lo hacemos por convicción,
¡somos simplemente felices!
Ya que cada uno de ellos,
es una fuente de felicidad verdadera y legítima.

Lo más importante de las fuentes de felicidad continua,
es un noble estado de deseo sublime,
un nivel ultra elevado de hipersensibilidad,
que saca hacia fuera lo mejor de nosotros,
y esta es:
¡LA INSPIRACIÓN!
la cual nos conduce a estar inspirados,
ser personas inspiradas que viven:
¡UNA VIDA INSPIRADA!

EL GOZO Y LA DICHA DE SER FELICES
(JOY)

El gozo en la dicha de la felicidad
es el mayor logro y el nivel más elevado
que podemos lograr en ella
y con el cual alcanzamos el Zenit
de la euforia existencial.

El gozo en la dicha de ser felices
ocurre cuando la vida brilla y resplandece,
todo lo que nos rodea es radiante e incandescente
y todos los que nos acompañan en el viaje de la vida
son joyas irremplazables.

Es cuando somos
poseídos, inundados, rociados, invadidos y atrapados
por una sensación de plenitud y placer inmensos,
disfrutando además
de la profunda satisfacción y saciedad absoluta
de nuestros sentimientos y aspiraciones.
Todo ello permeando y emanando
a través de nuestro ser.

Poesía en equilibrio

Algunos profesan que,
bien cuando llegamos,
mientras estamos
o cuando nos vamos
de nuestro planeta tierra,
somos bendecidos
con el gozo en la dicha de ser felices
y este nos es conferido
directamente desde el cielo
por nuestro creador.

Otros creen que como mínimo
el gozo en la dicha de la felicidad
debe originarse
en una sólida, bien arraigada y rica espiritualidad.

También están aquellos quienes creen
—inclusive están seguros de ello—
que la felicidad continua
requiere de claridad en la vida
la cual a su vez se origina en la coherencia,
la pega que conecta
al significado con el propósito en nuestra vida,
haciendo que todo tenga sentido en ella.

En ultimo análisis,
con toda certeza,
el gozo en la dicha de la felicidad
se genera en todas o cualquiera de ellas.

Además surge cuando estamos
perennemente conscientes y agradecidos
por el ser capaces de sentir y disfrutar el placer
de pura y simplemente, estar vivos.

Adicionalmente es inmanente e inherente
a los mas profundo de nuestra esencia y naturaleza.

Pero a la vez ese gozo pudiera ser
elusivo, difícil de percibir y visualizar
ya que a menudo esta viciado
por los venenos del espirito y el alma,
tales como,
el poder, la ambición, la avaricia, la envidia,
el odio, los rencores, la ira, las rabias, la riqueza material,
así como,
el mas peligroso de todos, nuestro ego.

No hay gozo en la dicha de ser felices
si no somos capaces de ser
generosos, humildes, solícitos
y genuinamente honestos con nosotros mismos.

La paz y la calma interior
que se consiguen
cuando nos encontramos y conocemos a fondo,
a nosotros mismos
son prerrequisitos fundamentales
para el gozo en la dicha de la felicidad.

Además,
este no tiene nada que ver
con el carácter, la temple, el éxito o la riqueza material,
sino mas bien
con el hecho de si nuestras luces existenciales internas
y nuestro deseos de vivir,
están encendidos o no.

Y como pertenece a nuestra existencia,
el gozo en la dicha de ser felices
no puede ser controlado o gobernado,
simplemente es.

Por otra parte,
el noble y sublime estado de la inspiración,
el cual es quizás,
la única fuente de felicidad continua,
es nuestro ingrediente secreto,
nuestra antesala, catapulta y trampolín
hacia un estado elevado y condición
de gozo en el disfrute de la felicidad.

Pero este no existe en el futuro,
mucho menos en el pasado.
El lado masoquista de nuestras mentes
tiende a llevarnos
a lugares y momentos que ya no existen
o a otros que todavía están por venir.

Por el contrario,
el gozo en la dicha de ser felices
existe únicamente en el aquí y ahora,
bien sea dicho,
solamente en el presente.

Un estado de dicha permanente en la felicidad
es la carta de presentación de los magos de la vida,
aquellos que han vivido lo suficiente
y sin embargo todavía poseen
corazones puros, cándidos e inocentes,

Cuando experimentamos
el gozo en la dicha de la felicidad
nos regocijamos, alborozamos, enardecemos, exultamos,
y nos sentimos
entusiasmados, jubilosos, eufóricos, extasiados
y exuberantes celebramos
como si estuviéramos inmóviles flotando
suspendidos en el aire, levitando
mientras disfrutamos la vida a tope
elevados por arriba de la realidad mundana.

En el gozo en la dicha de ser felices
está ubicado el significado de la vida misma
y aun cuando está escondido a plena vista
es en ese tesoro existencial
donde reside la magia de la vida
y la cual solo poseemos mientras estamos vivos.

LA FÓRMULA DE LA FELICIDAD
(JOY)

Inspiración
↑
Pasión

Estar
consciente

Ritmo

Amor
Equilibrio
(balance)
Valores
Espirituales   Morales / Éticos
Familiares

YA NO ES MÁS SOLO UN SUEÑO

Martin Luther King Jr. creía que las tres maldiciones de la sociedad son: el militarismo, el racismo y el materialismo.

Hoy en día, décadas después de su muerte, se podría argumentar fácilmente que todas ellas permanecen como algunas de las amenazas más grandes que como sociedad enfrentamos.

Como ejemplos:

1) Con Rusia invadiendo Crimea y el fallido intento de Califato por parte Isis, vemos los riesgos del militarismo.

2) En eventos ocurridos en América, tales como los tiroteos de: Ferguson, Parkland y Las Vegas, entre otros, vemos los riesgos del racismo.

3) Con la desigualdad económica, la falta de movilidad social y la ausencia de oportunidades por igual para todos nos percatamos del lado oscuro del sistema capitalista y el materialismo.

Y aun así todavía el sueño del Doctor King sigue vivo. Como el nombre de esta obra lo indica
ya no es más solo un sueño...

¿Y si el Doctor King pudiera echarle un vistazo a lo que ha sido de su sueño?

Bueno, de acuerdo a físicos prominentes como Einstein y Goddard, viajar a través del tiempo es posible, por lo menos matemáticamente hablando.

Estamos ahora en 1964, es decir 55 años atrás.

—¿Quién es usted?

—Reverendo King, soy un viajero del tiempo y usted me ha sido encomendado.

—¿Un viajero del tiempo? ¿Encomendado?

—Si señor, he venido directo del cielo para seguirle la pista a las vidas de gente excepcional como usted.

El Reverendo mira al viajero del tiempo con ojos escépticos.

—Doctor King, le he estado siguiendo, aunque ciertas circunstancias excepcionales han cambiado mi tarea.

—La verdad dicha, no tengo tiempo para cosas como esta. ¿Y ahora si me disculpa, por favor?

Sin alterarse, el viajero del tiempo rápidamente mueve su mano frente de ellos y se desplazan eventos claves en la vida del Doctor King en forma de imágenes que, flotando en el aire, van desfilando rápidamente frente a él.

Las imágenes se desaceleran hasta que se detienen en una en particular donde se observa al Doctor King hablándole a una multitud en Selma, Alabama, en el año 1965.

El Doctor King señala enfáticamente:

—Podemos logarlo, tenemos que hacerlo, vamos a quitarles el poder a través de la democracia.

A seguidas, la procesión de imágenes flotantes se acelera nuevamente y ahora el Reverendo King le habla a una enorme muchedumbre en las escalinatas del monumento al presidente Lincoln en Washington D.C.

—Tengo el sueño de que todos los hombres hemos sido creados iguales.

Las imágenes se aceleran nuevamente y el Doctor King aparece recibiendo el Premio Nobel de la Paz en Estocolmo, Suecia.

Luego se ve de pie al lado del Presidente Johnson en 1964, cuando se firmó la Ley de derechos civiles que establece la igualdad entre todos los Americanos, sin importar la raza o creencia religiosa.

A seguidas se le puede ver presente en 6 de agosto de 1965, cuando la firma de la Ley de derecho al voto para todos los Americanos.

245

—Reverendo King, las semillas que ha sembrado han tenido un profundo efecto en nuestra nación. Me han dado instrucciones de que lo lleve al futuro para que pueda observar qué ha pasado con su sueño.

Antes de que el Reverendo pueda reaccionar, de repente, el viajero del tiempo y él están en una isla desolada en el medio de un ventarrón. Les rodea lo que parece ser la estructura de una vieja prisión. Son un conjunto de edificios de una y dos plantas hechos de bloques de piedra.

—¿Dónde estamos?

—Estamos en la isla de Robben. Doctor King, este es el equivalente a Alcatraz de Ciudad del Cabo en Sud-África. Como puede ver y sentir es terriblemente fría, húmeda y con vientos casi huracanados. Es un lugar maldito por el enorme sufrimiento ocurrido allí, al igual que en la Isla del Diablo en la Guayana francesa, o en el campo de concentración de Auschwitz al sur de Polonia o en la isla de Alcatraz en la bahía de San Francisco en los Estados de Unidos.

—¿Por qué estamos aquí?

—En este lugar, un hombre extraordinario, siguiendo sus pasos, estuvo encarcelado por 27 años, simplemente por oponerse al sistema de segregación racista que existía en Sud-África para esa época.

—¿El Apartheid? —Pregunta el Doctor King, visiblemente conmovido.

—Reverendo, permítame presentarle a este extraordinario sudafricano.

El Doctor King y el viajero del tiempo están ahora en 1993, en un lugar que le es familiar al Doctor King. Sobrecogido por la emoción, el Reverendo presencia cuando al rey de Suecia otorga el Premio Nobel a un hombre alto con pelo blanco.

Luego pasan a la ciudad capital Pretoria. Adentro del edificio del Congreso de la nación de Sud-África.
—Reverendo la fecha es 10 de mayo de 1994. Este gran hombre se dirige a la nación entera, acaba de ser elegido presidente de Sud-África. Escuchemos lo que dice.
—Esta es una victoria para la justicia, la paz y la dignidad humana, al fin hemos logrado la emancipación política. Nunca, nunca jamás esta bella nación debe experimentar de nuevo la opresión de unos a otros. El sol nunca debe ponerse ante un logro human tan glorioso. Que reine la libertad. Que Dios bendiga a África...
El Reverendo se queda sin palabras al principio y finalmente reflexiona con emoción.
—Qué logro tan extraordinario.
El final del Apartheid a través de un miembro de los oprimidos elegido democráticamente.
El Doctor King pregunta con una voz temblante de la emoción,
—¿Cuál es su nombre?
—Nelson Mandela.
El Reverendo está en un trance. Sacudido hasta lo mas profundo de su ser. Lleno de emoción aguanta lagrimas de orgullo mientras sonríe sin parar.
La imagen flotando en el aire cambia y ahora el Presidente Mandela responde a preguntas en una conferencia de prensa.
—¿Se deben cambiar Los uniformes del equipo nacional de rugby para que reflejen las preferencias en colores de la mayoría del pueblo?
—Absolutamente no. Respetaremos y participaremos en las tradiciones y preferencias de cada uno. Esto no va a ser una cacería de brujas. Sera un proceso de unidad e integración, no

de dominio u opresión, subyugación o imposición de la voluntad de uno, algunos o inclusive muchos, sobre otros.

—Reverendo en el futuro usted es famoso y reverenciado en todo el mundo. Testimonios tanto de su vida como de usted están a nuestro alrededor. Tan solo en los Estados Unidos hay más de 650 calles que llevan su nombre. También hay calles, parques y monumentos dedicados a usted en Australia, Austria, Francia, Alemania, India, Israel, Italia, Senegal, África del Sur y Zambia,
entre otros países.

La pantalla flotante frente a los ojos del Doctor King muestra imágenes que se mueven de un lugar a otro. El Reverendo puede ver su nombre en ciudades, países y continentes.

—Desearía mucho poder decir que me siento complacido, pero las lisonjas nunca me han causado beneplácito alguno. Estoy más interesado en saber qué paso con mis ideas.

Pues bien Doctor King, sus ideas e imagen han crecido significativamente a través del tiempo. El Presidente Mandela es un gran ejemplo de su legado, pero la cristalización definitiva de sus sueños tuvo lugar muchos años después de que lo improbable, lo imposible y lo impensable tuviera lugar.

Sin embargo, para presenciarlo, tenemos que desplazarnos de vuelta a nuestro país.

Reverendo, estamos ahora en Chicago en el año 2008, ahora presencia usted la convención del partido Demócrata. Aquí veremos a otro hombre extraordinario, un senador americano lanzando a nivel nacional su campaña política.

Escuchemos lo que esta diciendo.

—¿Por cuánto mas tiempo la justicia seguirá siendo crucificada y la verdad enterrada? No somos una América azul o roja, negra o blanca, nativa o hispánica, liberal o conservadora, somos los Estados Unidos de América.

El Reverendo esta visiblemente impactado por el discurso.

—¿Quién es él?

—Un graduado de Harvard, especializado en Derecho Constitucional, hijo de un hombre de Kenia y una mujer americana del medio-oeste. Fue criado en Hawái e Indonesia. Esta casado con otra graduada de Harvard y tienen dos hijas.

—¿Cómo se llama?

—Barack Obama.

—Reverendo permítame llevarlo un poco mas adelante en el tiempo, específicamente al mes de Enero del año 2009. Debo advertirle ya que será algo muy emocional para usted y le va a impactar mucho.

El Reverendo está parado en un lugar y la imagen que recibe le es familiar. Se encuentra en las escalinatas del memorial de Lincoln donde diera su famoso discurso 45 años atrás, todo el mundo está mirando en dirección opuesta hacia el congreso americano. Hay una multitud enorme, mucho mayor a la que el tuvo tiempo atrás.

—Debe haber fácilmente medio millón de personas aquí reunidas.

—De hecho, Doctor King, el estimado es que son entre tres cuartos o un millón de personas.

—¿Por qué están todos aquí? ¿Cuál es la ocasión?

—Acerquémonos a ver, Reverendo.

Ahora el viajero del tiempo y el Doctor King están en una enorme tarima arriba de las escalinatas del congreso americano, frente a la muchedumbre que se extiende hasta el memorial a Lincoln

en el lado opuesto. El escenario es gigantesco y lleno de gente formalmente ataviada.

El Reverendo pregunta.

—¿Por qué estamos aquí?

En ese momento el senador Obama se levanta y coloca su mano sobre la biblia de Lincoln sostenida por su esposa Michelle.

Un relámpago de emoción se apodera del Doctor King, enviando escalofríos a través de toda su espina dorsal. Su labio inferior le tiembla, su mirada es intensa y llorosa a la vez. Se queda mudo, con un nudo en la garganta.

—Yo, Barack Obama, juro respetar...

—Sí, podemos. Oh Dios, lo hicimos, lo logramos con el poder del voto.

Una nueva imagen se proyecta y le es familiar al Reverendo, quien con una ancha sonrisa y maravillado observa.

—Así, tal como Mandela y yo, Obama también recibió el premio Nobel de la Paz.

A seguidas y antes de que el Doctor King pueda reaccionar, se transportan a enero del año 2013.

Todavía están parados en el mismo lugar, en un tarima enorme construida sobre las escalinatas del congreso americano. La escena se repite con la enorme muchedumbre y el mismo juramento a la presidencia americana.

El Doctor King se percata que el pelo del Presidente Obama está ahora salpicado de canas. Hace una pausa y de repente se da cuenta de lo que pasa.

—¿Reelegido? —El Reverendo balbucea, —¿cómo puede haber ocurrido esto?

—Pues Reverendo, él es símbolo de la fuerza y éxito de su legado. Un sucesor digno a lo que usted empezó. Prueba de esto es el hecho de que el fue elegido ambas veces por casi la mitad de los blancos americanos, quienes representan el 72% de la población. Los hispanos y la gente color afianzaron su victoria, pero el votos de los blancos fue el factor decisivo para que ganara ambas elecciones.

El Reverendo y el viajero del tiempo están ahora en el Cairo, Egipto. El Presidente Obama esta dando un discurso.

—Reverendo, escuchemos lo que esta diciendo.

—A través de los siglos la gente de color en los Estados Unidos ha recibido y sufrido tanto latigazos como esclavos como la humillación de la segregación racial. Sin embargo, no ha sido la violencia la que generó tanto la igualdad de los derechos civiles como el derecho al voto

para todos los ciudadanos, fue la insistencia determinada por perseguir principios e ideales. Una tradición que se extiende desde los días de la fundación se la nación hasta el nacimiento del movimiento por la igualdad de derechos civiles; una tradición basada en la simple idea

de que todos estamos inexorablemente vinculados el uno con el otro y que lo que nos une es más grande que lo que nos separa; y que si suficientes de nosotros creemos en la verdad de tal propuesta y además actuamos a partir de ella, quizás no resolvamos todos los problemas

pero podremos lograr avances significativos.

El Doctor King esta sobrecogido de emoción. Además, siente una enorme sensación de alivio,

como si una enorme responsabilidad histórica hubiera sido levantada y despejada de sus hombros.

El Reverendo contempla el horizonte lejano. Su rostro proyecta una inmensa satisfacción,

un sentido de logro y enorme orgullo.

—Finalmente sucedió, —dice como en un trance.

—En buena medida sí, Reverendo, pero todavía queda mucho trabajo por hacer. Permítame mostrarle.

Rápidamente las imágenes flotantes de los tiroteos de Orlando, Ferguson, Parkland y Las Vegas pasan frente a sus ojos.

—Entiendo, —dice el reverendo con gesto circunspecto.

—¿Cómo reaccionó el Presidente?

—Vayamos a ver, —dice el viajero del tiempo.

—La violencia es un callejón sin salida, les extenderemos la mano si abandonan sus puños, declara el Presidente Obama.

—Todavía tenemos un camino largo por delante, —declara el Reverendo King.

—Eso es cierto Reverendo, pero sus ideas ya no son más solo un sueño.

Comentarios del autor

1) EL QUISQUILLOSO PENDENCIERO Y EL MALABARISTA CALLEJERO
— No hay remedio, en la vida tenemos que hacer malabarismos para mantenernos en equilibrio, aunque para lograrlo tengamos que estudiar y practicar infinitamente ya que ambos nos proveerán con el conocimiento y la experiencia que son requeridos. Y de allí nacerá la confianza en nosotros mismos para ejecutar cosas, en apariencia improbables o imposibles, sin miedo ni fallas.
— Sin embargo, debemos tener presente que siempre estaremos rodeados de la ignorancia y el pesimismo. Los detractores siempre estarán presentes hasta que nuestros logros los silencien.
— Nunca debemos olvidar que para mantener el equilibrio se requiere de un esfuerzo intenso y continuo.
— En la vida siempre hay fuerzas que se alternan y nos lanzan hacia los extremos, como flujos que oscilan en forma de péndulo o un metrónomo que va de un extremo a otro.
— Estar en equilibrio significa el ser libre dentro de los confines del péndulo de la vida, o entre los vaivenes de un metrónomo.

2) EL EQUILIBRISTA

— ¿Acaso somos todos equilibristas?
No, pero ciertamente deberíamos tratar de serlo.
— Aparte de no caernos de la cuerda debido a algún exceso, ¿por qué?
Porque el equilibrio es uno de los cimientos de la felicidad. Una inmensa libertad yace en nuestro espíritu. Pero la misma esta llena de riesgos, y como nace en nosotros, su ejercicio requiere de una gran seguridad en nosotros mismos que solo la experiencia y el conocimiento nos pueden proveer.
— ¿La libertad yace dentro de nosotros?
No existe mejor demostración acerca del poder que tiene la absoluta y total libertad que yace en nuestro interior tal como el acto de un equilibrista, ya que este hace uso de ella como una virtud y fortaleza. En ultimo análisis, somos nosotros quienes tenemos que sentir la libertad en nuestro interior, nadie más.

3) EL VENDEDOR DE GLOBOS

— Independientemente de lo que los demás piensen, soñar es contemplar la vida con lentes de aumento mágicos. Los soñadores son magos de la vida.
— Algunos de nosotros vivimos flotando en globos todo el tiempo. Ese es un regalo maravilloso.
— ¿El mundo de los sueños solo le pertenece a los niños? Ese es el desafío para todo adulto. ¿No es así?
— Acaso... ¿deja la gente de soñar cuando envejece?
En efecto, así ocurre porque los adultos dejan que la realidad controle sus capacidades de sentir y desear sin filtros.
— ¿Debemos suponer que una vida sin sueños es una vida en blanco y negro?
Es una vida apagada, banal y agria, aparcada en el sótano.
— ¿Nos hace felices el soñar?
Por supuesto que sí, ya que la inspiración y la alegría son requisitos imprescindibles para poder sonar, además de que ambas son ingredientes claves de la felicidad.
— ¿Nuestras mentes no están a cargo de todo cuando soñamos?

Cuando soñamos nuestro cerebro es únicamente un testigo silencioso, a la vez que un archivo con todos nuestros expedientes de vida, desde los cuales la fábrica de sueños extrae el material y contenido necesarios para la creación de nuestros sueños.

4) **EL JOVEN FISGÓN Y EL GRANJERO ERMITAÑO**
— Recuerda siempre lo siguiente: nada o nadie te puede impedir que sueñes, cuando soñamos visualizamos como deseamos darle forma y construir nuestro futuro, cuando sonamos no existen limites ni fronteras para lo que puedas lograr en la vida.

5) **EL REGALO DE LA VIDA**
— La resiliencia y la determinación en combinación con las perseverancia son virtudes que nos permiten enfrentar cualquier dificultad y obstáculo. Y si las haces parte de tu naturaleza, tejiéndolas en tus hábitos y a tu esencia, nunca te dejarán.

— Cada reto, penuria o dolor, cada obstáculo o montaña a alcanzar tienen una acción en contrasentido para contrarrestarlas.

— Nunca permanezcas sentado esperando que las cosas sucedan por si solas, nunca dejes de reaccionar, aunque esta sea mínima o ninguna.

— Siempre ten en cuenta que al final tu eres responsable ante ti mismo por tus acciones o la ausencia de ellas.

— Finalmente, siempre recuerda ser agradecido por la vida que tienes.

6) **LA PEQUEÑA LLAMA QUE NUNCA OSCILA, CAVILA O TITUBEA**
— Lo que propulsa la resiliencia, la perseverancia y la determinación es una llama interna que habita adentro de todos nosotros. Es un fuego interno que, si lo aprendemos a reconocer y atesorar, nos dota de una fuerza indomable e inmutable.

7) **LA MAGIA DE LA VIDA**
— ¿Lo único que debo hacer es amar la vida?
Ámate a ti mismo, ama a los demás y ama la vida, de esa manera todo a tu alrededor se hará mágico, o, mejor dicho, se hará un milagro mágico para ti.

8) EL UNICORNIO AZUL
— Todos necesitamos de algún unicornio azul en nuestras vidas.
  Necesitamos a todas aquellas personas especiales que hacen brotar lo mejor de nosotros.
— En la vida, los unicornios azules solo existen si los podemos ver.

9) UNA MELODÍA A TRAVÉS DE LA LLUVIA
— ¿Podemos percibir belleza en el dolor?
— ¿Podemos oír una melodía a pesar de sufrir una tragedia?
— ¿Podemos encarar a la adversidad con respeto, pero sin miedo?
— ¿Podemos en el medio de una tormenta tener fe, de verdad, en que el tiempo finalmente va a mejorar?
— ¿Cómo puede existir una melodía a través de la lluvia?
  Si puedes escuchar y sentir la música a través de un diluvio, entonces no solo puedes superar cualquier cosa en la vida, sino que también tienes la capacidad de disfrutarla aun en las peores circunstancias.

10) ALLÁ, ALLÁ ARRIBA, ALLÁ EN TODO LO ALTO
— Una manera de ver a las inesperadas y súbitas partidas de nuestros seres queridos, es el percatarnos que su presencia espiritual, sus recuerdos y memorias estarán por siempre con nosotros.

11) UN VALEROSO GRUPO DE POCOS
El coraje, valentía y sacrificio de unos pocos, están detrás de las libertades que disfrutamos.

12) EL MUNDO DE LA GENTE FELIZ
— Ten mucho cuidado porque la gente brava está por todos lados y te pueden influenciar en cualquier momento, pero ten mayor cuidado aun con la ira en si misma, ya que por si sola, en cualquier momento puede tomar control sobre ti, envenenando tu capacidad de vivir y ser feliz.
— Pregúntate a ti mismo por un momento: ¿Por qué hoy entre todos los días? ¿Por qué no ayer o el día anterior? Después de todo, ¿las personas que viste hoy han tenido el mismo

temperamento cada día de sus vidas? ¿Por qué te llamaron la atención hoy y no antes? ¿O es que acaso no fue necesariamente la ira de ellos la que notaste sino la tuya propia y no la de nadie más?

— Ya ves cuan fácil la ira nos puede atrapar. En este caso, la ira de otros. En un ultimo análisis, todo depende de nuestra actitud, el tipo de lentes con los cuales contemples a las demás personas y sobre todo cómo las juzgues.

13) El carrusel de la vida
— ¿Entonces la vida es un círculo?

No exactamente, piensa acerca de los círculos de la vida como la trayectoria y la estela que trazas mientras vives y dejas atrás.

— Así que todo nos retorna a través de los círculos de la vida, al final, o hacemos buenos trazados y trayectorias o no. Por eso, lo mejor es que te esfuerces por ser feliz y vivas una vida gentil, alegre e inspirada. Siempre siguiendo los mejores instintos de tu corazón.

14) La esperanza
— La esperanza es la mejor fuente de fortaleza y libertad.

— ¿Es por ello que con esperanza nunca dejaré, renunciaré o abandonaré nada en la vida?

Hay cosas en la vida que vas a tener que dejar ir. Pero la esperanza es totalmente diferente porque si crees en ella nunca te va a abandonar, por el contrario, para empezar la esperanza es inmanente, es decir, algo innato en ti, cuando vayas tras algo en la vida hazlo con pasión, pero siempre propulsado por la fuerza y lo decisivo que te da la esperanza. Luego, no es que nunca renuncias o abandonas, lo que realmente sucede es que nunca pierdes la esperanza y como consecuencia nunca renuncias o abandonas nada.

— ¿Por qué la esperanza es la última libertad en pie?

Porque aun cuando enfrentamos las tragedias más extremas, privaciones y penurias por la perdida de seres queridos, de nuestra libertad o de cosas materiales, nunca nada ni nadie podrá impedirnos tener esperanza.

15) EN QUÉ CONSISTE UNA VIDA INSPIRADA

— Reflexiona por un momento acerca de tu vida para que te des cuenta de lo feliz que eres.
— No te conviertas en tu propio obstáculo en el camino. Este es el momento de desplegar tus alas y volar. Toma el control de las circunstancias, aprovecha lo que la vida te está ofreciendo. Pon todo tu corazón en aquello que emprendas, pero al mismo tiempo debes estar agradecido por todo lo que te dispense la vida, especialmente aquello que te hayas ganado a través del esfuerzo.
— Estar inspirado es una condición en la cual somos guiados con nobleza y gracia por un sublime y avasallante deseo de vivir, así como de ser y hacer a otros felices. La inspiración atrae a todos nuestros mejores talentos y virtudes, a través de un estado de elevada efectividad y productividad en el que hacemos uso de aquello que la vida nos ofrece y algo más.
— La inspiración es quizás la única fuente de felicidad continua.

16) EL PASADO Y EL FUTURO

— Nunca podrás controlar como otros se sienten o se comportan.
— Día a día, cada persona escribe las páginas de la historia de su vida en tinta indeleble y en un libro que solo pertenece a ella.
— Hay absoluta futilidad en el mantener resentimientos y quedarse, por causa de ellos, atascado en el pasado sin poder superarlo.
— ¿Cuál es la diferencia entre el pasado y el futuro que finalmente nos alcanzan?
El uno nos alcanza por cosas que hicimos y el otro por las que dejamos de hacer.
— Tenemos que aprender a atesorar nuestro pasado, pero sin ser nunca un esclavo de él. Muchos de nosotros vivimos "por y para siempre" consumidos por cosas que nos dejaron tiempo atrás; cosas que ya no existen, excepto en los tortuosos, masoquistas y muy estrechos corredores y laberintos de nuestras mentes.
— ¡Hay que vivir el ahora! no nos podemos saltar o perder ningún día, no pospongamos nunca lo que podemos hacer hoy, pero hagámoslo libre de fantasías que quedaron atrás en el pasado.

17) ALCANCE A LA VIDA

— ¿Qué pasa cuando al superar una situación no se curan los rencores?

Mantener resentimientos nos dejará atascados en el pasado, dando vueltas en círculos de dolor infinito.

— Adicionalmente, cuando dispenses algo a otros, hazlo independiente de sus comportamientos, esto hará que tus gestos no solos sean genuinos sino también independientes, ya que tu obrar no estaré condicionado por como los otros te responden o no.

18) TRIUNFAR NO ES PARA LOS PUSILÁNIMES DE CORAZÓN

— ¿Los triunfos no siempre requieren de contrincantes?

Para triunfar no se necesita a los seres humanos como adversarios, ya que la vida esta llena de obstáculos, retos dificultades y más aun, tragedias, algunas aparentemente insuperables, las cuales solo puede derrotar la actitud de un triunfador.

— Tengo que saber como triunfar para ser capaz de navegar a través de los peligros y riesgos de la vida.

Exactamente. Necesitas de un deseo indomable y una voluntad de hierro para triunfar, como los ingredientes claves para poder sobrellevar prácticamente cualquier cosa que la vida te arroje en el camino o aquello que te propongas lograr.

19) LA AUTOSUFICIENCIA SANA

— Nunca esperes y mucho menos desees que algo venga hacia ti en la vida sin merito o en forma de regalo o dádiva, por lo contrario, mantén la firme convicción de que siempre te lo has merecido y ganado a través de tu esfuerzo propio.

— ¿Quiere decir que cuidar y tener empatía por los demás es algo en lo cual puedo volcar mi corazón, pero sus cimientos se originan en mi propia autosuficiencia?

¡Correcto! La autosuficiencia sana y el individualismo son a menudo confundidos con ser egoístas, cuando en realidad la gente autosuficiente, aun cuando dependen primero en ellos mismos antes de que nadie o nada, son capaces de estar totalmente

dedicados a otros que lo necesiten, ya que la autosuficiencia sana o el depender primero de uno mismo antes que de nadie o nada, no tiene que ver y no es incompatible con el ocuparse de otros que lo requieran.
— Pero yo dependo de otros todo el tiempo.
Por supuesto, pero únicamente después de primero depender de ti mismo.

20) LOS MEJORES INSTINTOS DEL CORAZÓN
— En los asuntos del amor, la sabiduría puede ser la que ilumine nuestro camino, esparciendo nuestros sentimientos y pasiones como una brújula para el amor y también ella da respuestas o atajos para los interminables crucigramas y rompecabezas que el amor podría presentarnos en el camino.
— Los mejores instintos de tu corazón siempre tienen la razón. Síguelos sin vacilar. Ellos son una de las claves para una vida feliz.

21) LA IMPORTANCIA DE LOS PEQUEÑOS DETALLES DE LA VIDA
— El amor crece a través de las pequeñas cosas, al amor se le atrapa con pequeños gestos. Y el amor se le preserva y perdura con minúsculos y pequeñitos detalles que damos y recibimos el uno del otro.
— Siempre sigue a tu corazón. ¿Pero cómo?
Quizás podrías empezar por entender lo que significa ser feliz. Si lo logras, ten la tranquilidad que podrás actuar de acuerdo a tus sentimientos y en posesión de un conocimiento valioso de uno de los mas valiosos tesoros en los temas del amor.
— Enfócate en dar con tu corazón, pero hazlo teniendo en cuenta con sumo cuidado al elegir a quien lo dispensas, ya que los pequeños detalles en la vida tienen su mayor resonancia cuando hay empatía entre dos.

22) EL AMOR NOS LLEGA A TRAVÉS DE UN CONEJITO EN SU LABERINTO.
— Nuestro conejito es aquella persona con quien queremos vivir juntos por el resto de nuestras vidas.

23) EL SECRETO ESTÁ EN CÓMO LOS POLOS OPUESTOS SE ATRAEN EN EL AMOR

— Haz de cuentas todo lo que compartes con tu pareja. Ese es tu tesoro. Es el certificado de autenticidad de ustedes. Es la cruda verdad acerca de cuán realmente buena es vuestra vida en común o no.

24) ¿QUÉ ES EL AMOR?

— Los sentimientos incontenibles de añoranza, deseo, admiración y respeto entre ambos. Esa persona con quien aspiramos a sentirnos seguros, protegidos y nunca solos.

25) ¿QUÉ ES EL VERDADERO AMOR?

— Siempre recuerda lo siguiente: el amor verdadero no esta guiado por el éxito, ni el mismo desaparece con el fracaso, y cuando llega, se queda contigo para siempre, si así lo quieres.

— Una vez que encuentras el amor verdadero nunca lo debes dejar ir, ya que quizás no regrese o te ocurra nunca más.

26) EL TABURETE CON TRES PATAS

— Hay tres dimensiones diferentes en una pareja: la amistad, la pasión y el amor. Cada una de ellas requiere de mucho esfuerzo y cada una es marcadamente distinta, aun cuando sean igualmente importantes, ya que todas son los motores y cimientos de una pareja genuinamente sólida y continuamente feliz y por lo tanto duradera.

— Si el amor verdadero toca a tu puerta, ¡siempre recuerda esas tres patas del taburete!, todas ellas tienen que estar presente para que una pareja perdure siendo feliz.

27) NUESTROS LAZARILLOS EXISTENCIALES

— Todos necesitamos tutelaje en la vida. Encuentre un mentor sabio que le acompañe y le pueda guiar a través del campo de minas esparcido por nuestra existencia.

28) SI TE PUDIERA ENCONTRAR EN ALGÚN LUGAR DEL UNIVERSO
— Ten mucho cuidado cuando te enamores poco después de una ruptura como la tuya. El riesgo es enamorarse del éxito y la fortuna de alguien y no de la persona en sí misma, con lo cual pronto te encontraras con un corazón desencantado.
— Ese tipo de pasiones no son genuinas sino únicamente infatuaciones, impregnadas por el vacío de lo material, que en vez de la seguridad y comodidad que esta supuesto a proveer, únicamente nos ofrece tristeza y soledad. Así te conviertes en alguien cómodamente infeliz, especialmente cuando estas a solas en la noche con tu almohada.

29) UNA LABOR DE AMOR
— Hay problemas de tipo mental y emocional, algunos son enfermedades que están fuera de nuestro control y por lo tanto requieren de tratamiento, terapia y cuidados por parte de profesionales especializados. El reto consiste en reconocer y aceptar este tipo de realidades bien en nosotros o los demás.
— Siempre alabamos, reconocemos y respetamos tareas tan difíciles como estas.

30) EXISTE UNA VIDA POR VIVIR A TU LADO
— Sal afuera y vive, y no te des respiro o excusas, porque el estar enamorado de alguien que ya no está, no evita que vivas a tope.
— El tiempo se agota paulatinamente, inexorablemente las baterías de tu vida pierden carga cada día. Lo último que quieres que te suceda es que te levantes un día y te des cuenta de que la vida se te fue y no la supiste aprovechar.

31) EL VERDADERO ÉXITO EN LA VIDA CONSISTE EN SER FELIZ
— La vida no es para ser vivida desde las tribunas como meros espectadores. En fin de cuenta, lo que todos queremos es ser felices, ¡pero nuestro reto consiste en como resolver el acertijo de la felicidad!
— La vida no es para ser vivida desde las tribunas como meros espectadores. En fin de cuentas lo que todos queremos es ser

felices, pero nuestro reto consiste en cómo resolver el acertijo de la felicidad.
— La clave para resolverlo nunca la vas a encontrar alejándote, sino por el contrario, únicamente si estas totalmente involucrado e inmerso en tu vida.
— El reloj de la vida no se detiene. Tu batería existencial se agota cada día.
— Lo último que uno quiere es levantarse un buen día y darse cuenta que en un tris la vida se nos ha ido y ya está por acabar.

32) LA FÓRMULA DE LA FELICIDAD
— Para que la felicidad ocurra en la vida, hace falta ir tras tres actitudes simultáneas: La pasión, el ritmo y el "estar conscientes de". Estas a su vez para que perduren, requieren de tres cimientos: El amor, el equilibrio y los valores éticos— morales, familiares y espirituales. Este ecosistema de actitudes y virtudes genera un estado de nobleza sublime, y esa es la inspiración. La cual es la fuente de la felicidad continua.

33) EL OPTIMISMO
— El optimismo es una actitud deliberada que si no es innata o es de por si nuestra proclividad o tendencia natural es una virtud y tenemos que ir tras ella, asumirla, aprenderla, practicarla y tallarla en nuestro espíritu de manera tal que forme parte de nuestra esencia y naturaleza, tal como si hubiera estado allí desde el principio.
— Recuerde siempre lo siguiente: el optimismo es una de las llaves que abren las puertas de la vida, aquellas que solo los optimistas pueden ver, el tipo de lugares y resultados que solo los optimistas alcanzan, experimentan, viven y disfrutan. El optimismo a menudo contiene la única mano ganadora en el juego de la vida.

34) PEQUEÑOS SACRIFICIOS
— En algún momento dado en el tiempo, ocurrirá eventos o circunstancias donde la vida exigirá sacrificios de nuestra parte. En esos momentos, quedará enteramente de nuestra

parte si damos la talla. De ser así, la recompensa será el regalo de una vida plena.

35) ACERCA DE LOS CUENTOS DE HADAS Y EL DESTINO
— Los cuentos de hadas residen dentro de nosotros. Nuestra vida puede convertirse en un cuento de hadas continuo si no nosotros así lo decidimos.

36) MI DIOSA RADIANTE DE LA NOCHE
— Que pudiera ser mas romántico que el estar con nuestra otra mitad en una playa desierta con una suave brisa y el cielo de la noche lleno de estrellas.

37) ¿QUÉ ES ESO TAN ESPECIAL QUE ERES TU?
— Ten el propósito de reconocer y estar consciente de todas esas pequeñas cosas y detalles de nuestra pareja que nos hacen felices a ambos.

38) LA VIDA, EL CARÁCTER Y LA VIRTUD
— El carácter y la virtud no son regalos del creador con los que se nace, por el contrario ambos requieren de un gran y persistente esfuerzo para adquirirlos, desarrollarlos y preservarlos.

— Nuestras virtudes definen nuestro carácter y este define nuestro legado y el tipo de trayectoria que dejamos atrás en nuestras vidas.

— Nuestro carácter yace en la confluencia entre lo que otros piensan y lo que nosotros realmente pensamos acerca de nosotros mismos.

— Las virtudes, además de ser el componente esencial de un carácter completo y solido, no solo necesitan ser adquiridas y desarrolladas sino que son herramientas existenciales de las cuales dependemos y necesitamos para poder sobrellevar, sostener, perdurar y superar los avatares de la vida.

39) ESPABÍLATE, SALTE DE LA SITUACIÓN
— Muchas veces, somos nuestros peores enemigos. De alguna manera, en un lugar de los caminos de la vida, nos las

arreglamos para convertirnos en nuestro propio obstáculo. Saboteando nuestros propias vías y senderos.

— Esta herramienta existencial es una válvula de escape, un mecanismo de seguridad, un freno de emergencia que te detiene desde el principio, previniendo que las cosas torcidas ni siquiera comiencen. La idea es que te atajes a ti mismo antes de que caigas en ese mundo en el que estas a punto de sumergirte, especialmente uno de esos lugares donde eres tu peor enemigo.

— Salte y desconecta de la situación congelándola. Da un paso hacia atrás, espabílate y salte de ella. Al hacerlo podrás tener una perspectiva de los hechos desde afuera, lo cual permitirá que bien sea el día, las circunstancias o el camino por delante, estén claros y libres de los impedimentos, obstáculos y sabotajes que creamos nosotros mismos.

40) EL DESHOLLINADOR

— Todos necesitamos en la vida nuestros deshollinadores para liberar y limpiar nuestro espíritu, y así soñar que volamos sin límites hacia el infinito y hacia los destinos mas remotos del universo.

— Para que nuestros sueños vuelen sin impedimento alguno, todos tenemos que hacer un esfuerzo deliberado de limpiar constantemente nuestro espíritu.

41) LA FE

— Usa la fe como una fuente de fortaleza interior, te enseñará no solamente a tener fe en tu creador, sino que te ayudará a despejar los obstáculos que la vida te pueda poner en el camino. La fe es también el mejor recurso para neutralizar y superar las dudas, la indecisión y especialmente los miedos. Mientras mas la profesas, mas crecerás como persona.

— La fe es las mas fuerte, profunda, indomable e inquebrantable de las creencias de un ser humano. A través de la fe se superan las mas grandes penas, dolores y devastadoras perdidas, así como los periodos de debilidad y los más destructivos y obliterantes terremotos existenciales.

— La fe nos permite perdonar con gracia.

— La fe nos dota de corazones benevolentes, espíritus con propósito, almas en paz y calma, siempre gentiles y con profundo significado existencial. La fe es siempre pura pues se origina en el creador.

— ¿Es la fe exclusiva de una religión en particular? No, no lo es, ya que todas las religiones del mundo la practican por igual. La fe es la fuerza detrás de todas ellas y flota por arriba de nosotros como un halo celestial, que además se esparce por encima de todos los centros de rezo y adoración. Aun, a pesar de nuestras diferencias, todos los seres humanos respiramos el aire de la tierra de la misma manera, en último análisis una buena analogía sería que todos respiramos el mismo aire pero de diferentes partes de nuestro planeta.

42) SUSURRÁNDOLE A TU CORAZÓN

— Debemos susurrarle a nuestros seres queridos. Esto a los efectos de no ahogarles con ruidos. Buscamos encantarles con la suave cadencia de nuestras palabras. Les susurramos encantos mágicos. Les susurramos al corazón.

43) LA VIDA, EVOLUCIÓN Y EL CAMBIO ENTRE NOSOTROS

— Maquiavelo dijo: si quieres ver a las personas en su peor estado dale cambios.

— Nuestro miedo y reticencia natural a cambiar hacer que construyamos barreras y excusas en nuestros senderos existenciales, todas ellas basadas en falsas percepciones acerca de lo que nos hace sentir cómodos y seguros, que es todo aquellos a lo cual estamos acostumbrados, no así cualquier cosa que sea nueva y diferente. Pero estos no son sino obstáculos artificiales que si queremos podremos borrar en un instante, ya que el cambio esta siempre a un solo paso de nuestra fuerza de voluntad.

— Una vida plena reside en el poder de cambiar, ya que constantemente nos renueva y ayuda a reinventarnos. No le tengas miedo al cambio, por el contrario, acógelo con brazos abiertos.

44) LOS MAGOS DE LA VIDA

— Para volverse un maestro en cualquier cosa, hay que recorrer totalmente la vía del aprendizaje, además de cometer y enmendar muchos errores en el camino, quemando velas mientras elevamos nuestra pericia y conocimientos.

— Los magos de la vida tienen corazones cándidos e inocentes. Aman a la vida y le sonríen a todo y a todos. Tienen almas juguetonas y no se toman nada y a nadie demasiado en serio. Y son ellos a quienes buscamos en los peores momentos y circunstancias. Para ellos, cada momento y toda persona son preciosos e irremplazables, siempre están alegres, bien dispuestos e inspirados ya que poseen el secreto de como ser continuamente felices.

— Todos debemos aprender cómo identificar a estos maestros de la vida, ya que queremos estar lo más cerca posible de ellos para aprender y emularles, aun a través de esfuerzos sobrehumanos. Y así saber cómo poder convertirnos en verdaderos magos de la vida nosotros también.

45) EL VIAJE DE LA VIDA

— El poder bruto e incólume, la fuerza e intensidad de los océanos y todos sus elementos fueron elevados por los griegos a niveles de deidades de los mares. Así de poderosos creían que eran. Por ello es que en la vida nunca nos ponemos en contra de los océanos, por el contrario absorbemos su energía para facilitar nuestro viaje.

— A lo largo de nuestras vidas, todos nosotros estamos embarcados en un periplo existencial interminable y riesgoso pero lleno de extraordinarias recompensas que encontramos en los senderos de nuestras vidas, y para cruzar con éxito nuestro viaje, tenemos que confiar en nuestra nave, pero por encima de todo recordar pertinentemente que nuestros logros y éxitos existenciales residen principalmente en el viaje, su recorrido y no en su destino final.

46) LA RIQUEZA, LA FAMA Y EL AMOR
— Que significa la austeridad con relación a la riqueza? ¿Y el anonimato con relación a la fama? ¿Y qué de la libertad con relación al amor?
— ¿Es acaso que sacrificamos algunos de ellos por los otros?

47) LA FAMILIA, LAS VERDADERAS AMISTADES Y EL AMOR
— Ante todo, nuestros seres queridos lo conforman y abarcan un grupo bastante grande que incluyen no solo a nuestra familia, sino a nuestros amigos de verdad y todos aquellos incluidos en lo que tenga que ver con el amor. Una vez que entendemos quien es quien en nuestro circulo más íntimo en la vida, las preguntas fundamentales que surgen son: ¿Qué es lo que estamos supuestos a hacer por ellos? ¿Qué es lo que se espera de nosotros? ¿Cuales son los limites que debemos establecer y establecernos en relación a todos ellos?
— En todos los asuntos familiares, las verdaderas amistades y el amor son como los tres mosqueteros de Dumas, todos para uno y uno para todos. El catálogo de todo lo que estamos supuestos a hacer y quienes queremos ser es denso y amplio, pero en ninguna instancia refleja o nos otorga el derecho a gobernar a ninguno de estos tres lazos.

48) UN VERSO EN EL PANTEÓN DE LOS POETA
— Un poeta incipiente rodeado de otros poetas. El otoño en el Parque Central de Nueva York. Su amor verdadero caminando a su lado a través de la laguna, Strawberry Fields y el panteón de los poetas. En el momento, la inspiración le inunda espontáneamente y escribe para ella.

49) LA VIDA COMO UN CIRCO
— Muchos sino casi todos los artistas que vemos en un circo residen adentro de nosotros. Mínimo tenemos un poco de cada uno de ellos como parte de nuestra naturaleza. Pero algunos literalmente hemos nacido para serlo. El reto se convierte en: ¿Qué es lo que somos? ¿Un maestro de ceremonias o un equilibrista? ¿Un trapecista o un malabarista? ¿Un payaso o

un mago? Identificarlos y lograr la maestría de cualquiera de ellos es la clave para una sólida y buena actuación en el circo de la vida.

— ¿Escogemos nosotros quien queremos ser en la vida?

Hasta cierto punto sí, pero en cierto modo no, ya que cada quien nace con una serie de aptitudes que definen y prescriben exactamente lo que deberíamos alcanzar en nuestra maestría. Por ejemplo, alguien no se convierte en un trapecista simplemente porque quiere, lo será únicamente si combina su deseo, tiene la habilidad innata para serlo y a eso le añade un esfuerzo continuo para ponerlo en práctica. Todo ello probablemente resultara en un buen trapecista.

— ¿Por qué comparar la vida con un circo?

Contemplar la vida como un circo es un sabio ejercicio. Por una parte, la circunstancias de la vida se nos presentan de la misma manera que lo hacen los artistas en el circo. Por otra parte, el ritmo caótico, frenético y tumultuoso del espectáculo que ocurre en los tres anillos bajo una gran carpa, y en donde se lleva de manera planificada la realidad mundana a sus extremos máximos, simboliza el virtuosismo y talento efectuados a la perfección después de mucho esfuerzo para brillar. Aprender con maestría las destrezas de uno o varios de los artistas de circo es como hacerlo en la vida misma en situaciones similares, ya que es evidente que muchas de nuestras circunstancias en la vida son simplemente actos de magia o equilibro, malabarismos o doma de bestias, actos de acrobacia o hacer el payaso, como maestros de ceremonias o simplemente como espectadores.

— Trata de identificar dentro de ti mismo cada uno de los caracteres del circo: ¿Cuándo eres un acróbata o un malabarista o un payaso? Luego identifica: ¿Cuál de ellos prevalece en ti? ¿Cuál de ellos estas realmente inclinado a ser y para cuál o cuáles tienes el mayor talento?

— Perfeccionar uno o varios de los caracteres de un circo, es en cierto modo una maestría de la vida cuando las circunstancias son comparables. Muchas de nuestras vidas son simple y llanamente actos de magia o balance, malabarismos o acrobacias, payasadas o actos donde domamos a algo, maestros de ceremonias o somos únicamente los espectadores.

50) Esos rulos brillantes son solo míos
— Navegando a vela con una brisa suave, el joven poeta recita un verso de amor como si estuviera pintando un lienzo lleno con los colores preciosos de un corazón enamorado.

51) Claridad en la vida
— La vida está en constante movimiento. Si no dejamos atrás el pesimismo y nos deshacemos de él, simplemente no somos compatibles con la dinámica de estar vivos.

— La cultura coreana define ciertos tipos de dolor como penas que no tienen solución, las llaman "han" (penas sin resolver). No las escondamos, ignoramos o tratamos de evadirlas o evitarlas. Por el contrario, no solo las tenemos presente, sino que sabemos que no se van a marchar. Además, estamos conscientes que el dolor va a subsistir. Pero lo que no hacemos es permitir que las penas controlen o conduzcan nuestras vidas, sino que las colocamos en su propio lugar.

— ¿Qué sucede cuando las penas y los dolores se quieren apoderar de uno?
Cuando las sientan venir, o cuando se percaten que han caído en uno de esos estados, ante todo, respiren profunda y lentamente; mientras inhalan, repitan la palabra VIDA en su mente. Respiren y digan la palabra VIDA visualizando cómo se esparce por todo su cuerpo. Repítanla hasta que la angustia vaya disminuyendo. Funciona de maravilla.

52) Contemplando tu rostro
— Nosotros podemos apreciar la belleza externa de nuestra pareja como nadie más, ya que irradia las innumerables experiencias de vida que hemos compartido con ellos o ellas.

53) LA GRATITUD
— Estar vivo y tenerte cerca de mi son regalos preciosos e irremplazables que tengo que ganarme y merecer cada día. Demos gracias al creador. Demos gracias a la vida.

54) SIEMPRE ALLÍ
— El verdadero amor siempre esta allí. Siempre es. Siempre lo será. ¡Y nunca falla!

55) UNA SABIO ACERTIJO
— No tenemos que resolver cada misterio y responder cada pregunta. El lapso de la vida es corto, por lo tanto, valioso. No hay tiempo que perder.

56) LA DUDA
— ¿Por qué las dudas son tan pegajosas y nunca parece que se van? Lo mas fácil es sentarnos a compadecernos, dudando de todo y de todos sin parar, para así justificar el no hacer nada. Las dudas sin sus tres antídotos: método, propósito o confianza, son solo paredes y escudos falsos construidos en base a pobres excusas. Así que recuerda siempre, cuando en duda, aplica método, propósito o confianza.
— Cuando aplicas confianza a la duda, la neutralizas. Cuando le aplicas método al preservar y utilizar la disciplina y la verificación de los hechos, la abrumas. Cuando enfrentas la duda con propósito y metas, la aniquilas.

57) LA DUALIDAD
— A veces en la vida tendemos a ver a la gente, el mundo y a la vida misma, como una elección entre polos opuestos. No podemos ver sino opciones que únicamente tienen dos alternativas. Como si solo existieran dos posibilidades, la "a" o la "b". Cuando hacemos esto nos encontramos en un callejón sin salida y quedamos atrapados en nuestra propia existencia, donde creemos falsamente que no existe otra alternativa y que esas son las únicas opciones que existen.
— ¿Cómo se relacionan la dualidad y la duda?

De hecho están relacionadas muy de cerca. La duda surge de nuestra incapacidad para decidir entre los extremos o absolutos, y nuestra incapacidad de ver el término medio de las cosas y así escapar a la dualidad.

— ¿No tiene acaso nuestra sociedad que evolucionar primero para que muchos de nosotros, sus miembros, podamos como individuos buscar y adoptar el camino medio en la vida?

Ciertamente nuestra civilización tiene que lograr niveles mas elevados y diferentes en nuestros comportamientos y creencias sociales a los efectos de evolucionar y dejar atrás el ámbito dual y polarizado en el que nos encontramos en el momento presente. Este tipo de evolución, no es solo necesaria, sino es, además, nuestro próximo nivel de ascenso como sociedad. Y más aun, este sendero de progreso evolutivo por venir nos esté siendo señalado claramente desde el mundo de la ciencia. Por ejemplo, la nueva frontera en la tecnología de la información es la computación tipo Quantum. Actualmente, y coincidente con la vida real, el mundo de la computación está todo basado en el sistema binario de unos y ceros. Es decir, un sistema dual. Sin embargo, la computación Quantum está basada en un tercer estado, un sistema que podríamos definir como un sistema trinario, en el cual en vez de bits de información se utilizan qbits de información, los que involucran el uno (1) y el cero (0) al mismo tiempo, multiplicando exponencialmente la capacidad de procesamiento de una computadora.

58) LA GENIALIDAD

— La vida a veces nos presenta el dolor y la tragedia al mismo tiempo con la belleza y de manera extraordinaria, así como renovación y nuevos comienzos.

— Todos tenemos un genio por dentro. Nuestro reto es descubrir, aprender y utilizar cuales son los mejore talentos y habilidades que tenemos, los que sean sin importar cuales. Destapemos el genio en su botella que aguarda por nosotros. ¿Qué estamos esperando?

59) LA ADVERSIDAD

— ¿Qué pasa cuando nos encontramos con la adversidad? ¿Nos han educado para saber cómo reaccionar, manejar y sobrellevarla? ¿Estamos preparados para ella? ¿Sabemos qué hacer una vez que nos golpea? ¿Y cuando la superamos, qué hacemos en esos momentos?

— La adversidad es una parte intrínseca de la vida. Es al mismo tiempo el último reto ante todos y todo aquello que amamos. La adversidad siempre se presenta como una oportunidad para generar algo bueno, e inclusive grande, al superarla. Pero a la vez es un arma de doble filo. Las penurias y dificultades por un lado y por el otro lado una puerta que se abre para renovarse o empezar de nuevo.

— Enfrenta y trata a la adversidad como un enemigo de guerra al que tienes que vencer a toda costa.

60) ¿CÓMO ES QUE TU ME HACES SENTIR TAN ESPECIAL?

— Únicamente tu me haces sentir de esta manera, nadie más, tu y solo tu lo haces.

61) LA COHERENCIA (ENCONTRÁNDOLE EL SENTIDO A LAS COSAS EN LA VIDA)

— En algún momento de nuestras vidas, lo más pronto posible, todos debemos descifrar nuestras vidas. ¿Que queremos de la vida? ¿Qué significa la vida para nosotros? ¿Cuál es nuestro propósito mientras vivimos en el magnífico planeta tierra?

— Una de las herramientas existenciales claves que nos permite comprender todo esto, es la goma que une armónicamente nuestro propósito con nuestro significado en la vida.

— Recuerda siempre que para resolver ese tipo de preguntas y para que estas tengan sentido, siempre necesitaras de la coherencia.

62) LA VIRTUD

— A través del tiempo solo se logra la virtuosismo a través de un esfuerzo deliberado y disciplinado.

— No hay camino hacia el virtuosismo sin una etapa previa de recuperación.

63) EL PERDÓN
— Nosotros los padres nos engañamos a nosotros mismos con la ilusión de que nuestros hijos no perciben las cosas. Cuan errados estamos. Nuestros hijos no pierden ni se les escapa nada. Lo graban todo. Y en muchas ocasiones, entienden las situaciones y a nosotros — intuitivamente hablando— mejor que nosotros mismos.
— Cada palabra, cada acción, cada demostración que afecta a nuestros seres queridos, tiene consecuencias. Todas esperan inexorablemente en el futuro por nosotros ya que tarde o temprano nos alcanzan.
— El perdonar empodera y es liberador.
— El perdonar es una de las herramientas en la marcha a través de la vida ya que remueve y diluye nuestras anclas y obstáculos emocionales.
— No te conviertas en tu peor obstáculo. ¡Muévete! y marcha hacia adelante. El punto de partida es cuando te perdonas a ti mismo. Es así como todo en la vida re— empieza y se renueva.

64) EL SILENCIO DENTRO DE LA MÚSICA
— En la música de la vida busca el silencio. Si lo encuentras, habrás alcanzado un nivel existencial más elevado.

65) LA RECIPROCIDAD
— Uno de los componentes esenciales para una vida plena es la reciprocidad. Todo esta en el dar y recibir. A menudo, nos enfocamos en lo que necesitamos o queremos obtener, pero no lo suficiente en lo que tenemos o debemos dar primero, ya que es allí donde realmente debemos empezar. Nuestra búsqueda de identidad propia debe incluir nuestra medida y cálculo proactivo de nuestra predisposición natural a la mutualidad. Sea lo que sea que quieras o esperes de la vida o de los demás, solo ocurrirá en una forma continua y constante, después que aprendas a actuar recíprocamente.
— Las acciones de los demás los definen a ellos. Su comportamiento refleja quienes son. Tus acciones definen quien eres tu y no ellos. Así que no permitas que sus acciones te definan a ti.

Ponte por arriba de las circunstancias y con mucha madurez sella las acciones de los demás en una caja hermética para que no te afecten. Así puedes volcar tu corazón en ayudar a otros, independientemente de su comportamiento.
— Allí está el corazón de la reciprocidad. Uno no actúa esperando algo a cambio, ni tampoco da nada con la expectativa de recibir.
— La palabra reciprocidad debe estar siempre a nuestro alcance al comenzar el día. La debemos mantener a flor de piel hasta el momento en que nos retiremos. Lo que demos y otorguemos será proporcional a lo que recibamos de vuelta. Si no damos ni otorgamos nada nos viene de regreso en el largo plazo.

66) EL DESAFÍO COMO DESACATO O REBELDÍA
— A veces en la vida tenemos que elevarnos por encima de la situación, desafiando las circunstancias y las probabilidades. Hay momentos en los cuales desafiamos al destino y nos mantenemos erguido afirmando nuestra disposición a oponernos y nuestra negación a entregarnos o claudicar.
— Una actitud desafiante sana en la vida ocurre cuando tenemos la necesidad de enfrentarnos y oponernos a la adversidad, especialmente al destino y los hacemos por razones justas y válidas.

67) LA CURIOSIDAD
— Cuando tenemos o queremos aprender, buscar, encontrar o descubrir cualquier cosa nueva en la vida, la curiosidad es indispensable para ello.

68) DECISIONES
— Siempre recuerda que las peores decisiones en la vida son las que nunca tomas. En la ausencia de decisiones, simplemente no somos partícipes de la vida.

69) LA RESISTENCIA
— La resistencia es una virtud para tener éxito o superar cualquier obstáculo que esté por delante.

— La resistencia es intrínseca a lo sagrado, como una fuerza que nos propulsa para defender la verdad, nuestro honor, la honestidad, la familia y nuestros seres queridos. Esta es también la fuerza que nos conduce a tomar posturas donde luchamos por nuestros principios, ideologías, creencias religiosas, etnias, nuestra nación, patria o grupo social.

— La resistencia es también parte de los aspectos mas mundanos de la vida, tales como aquellos donde vamos tras nuestros sueños, pasiones e ideas o aquellas situaciones donde tenemos compromisos, deberes o donde defendemos y queremos a otros.

— La resistencia también es crucial en los aspectos mas pragmáticos de la vida, donde planeamos, construimos, entregamos, cumplimos y terminamos las cosas.

70) LA VIDA, EL ARTE Y LA BELLEZA

— Si somos capaces de percibir, crear y disfrutar el arte y la belleza, estaremos disfrutando genuinamente de una vida plena.

71) ¡QUÉ DÍA TAN MARAVILLOSO ES ESTE!

— Mira a tu alrededor, échale un vistazo a tus adentros. ¡Estas compuesto y rodeado de cosas alucinantes! Todos y todo en la vida es simplemente deslumbrante.

72) LA SERENIDAD, EL CORAJE Y LA SABIDURÍA

— La serenidad ocurre cuando tu espíritu y alma están en paz absoluta.

— La vida esta supuesta a ser experimentada a través de debates constantes donde tratamos de encontrarle sentido a la gente y lo que nos rodea. Nos embarcamos en argumentos, donde nos preguntamos sobre la coherencia de nuestras acciones, el significado de estar vivos, nuestro propósito en la vida, así como también evaluamos el conocimiento que se nos ha impartido. Tanto la serenidad como el coraje y la sabiduría son necesarios para vivir cuestionando a la vida de esa manera.

— La serenidad, el coraje y la valentía son virtudes de nuestro carácter. La serenidad genera coraje y la sabiduría las utiliza a ambas.

73) LA FÁBULA DEL JOVEN VIEJO Y EL PAYASO
— Descubrir el payaso fue notar que, tal como lo había hecho, sin darse cuenta, su vida por un momento se convirtió en una fabula.
— La fábula residía en el. Habitaba su espíritu y alma. Al hacer reír a los demás, su inclinación natural y su mas grande habilidad existencial, lo que de hecho hacía de cada momento o situación, era crear una fábula de la vida real.

74) SIMBIOSIS
— Es la fusión del amor y una pareja en uno solo.

75) EL CASO DEL NIÑO CURIOSO Y EL INQUIETO MAGO
— Los prejuicios nos ciegan. Porque impiden o debilitan nuestra habilidad de apreciar las ocurrencias de la vida.

76) DE LA MANO DEL ESCRIBIDOR
— El escribir llevado por la inspiración es arte.

77) EL INCREÍBLE DESIGNIO DE ESTAR JUNTOS
— Si encuentras a tu verdadero amor, atesora esta bendición cada uno de los días de tu vida.

78) DE CÓMO EL AMOR LO ILUMINA TODO
— Busca la espléndida luz del amor. Trata de que te ilumine. Una vez que la encuentres, dale gracias al creador.

79) CUANDO ESCRIBO PARA TI
— Todo mi ser queda expuesto, cuando escribo para ti.

80) CONVERGENCIA
— Busca la confluencia. Así es como algunas de las cosas mas trascendentales de la vida ocurren.

81) DICEN QUE EN EL AMOR
— El verdadero amor nunca pide perdón. El amor verdadero siempre perdona. El amor tampoco busca el perdón.

82) CUANDO NO ESTEMOS JUNTOS
— Mientras estemos vivos, no existe un reto mas difícil al amor verdadero que el estar separados. Sin embargo, la fortaleza de la pareja para sobrellevarlo, yace en el compromiso, la devoción, la intensidad y la autenticidad de los sentimientos mutuos.

83) LOS MURMULLOS DE LAS ALMAS
— En la gran comedia de la vida, viene a nosotros las voces de sus participante en forma de susurros de sus almas.

84) ÁNIMO, ANIMUS, ÁNIMA
— Hablando del mal uso de una palabra, en la cultura hispánica "el ánimo" tienen connotaciones buenas y malas. En la cultura anglosajona la palabra equivalente al ánimo es animus. Aunque en ambos idiomas tiene un significado exacto, en el mundo anglosajón se usa casi única y exclusivamente para denotar sentimientos de animosidad o desearle mal a alguien. Sin embargo, cuando vemos la etimología de las palabras ánimo, animus, ánima, cada una de ellas está relacionada muy de cerca con el espíritu, el alma, el corazón, el designio, la intención, el propósito, el significado, el plan, el coraje, la mente, las ganas o voluntad de hacer las cosas, la fuerza, el involucramiento y la energía vital, etc. El ánimo es esa actitud o condición esencial para que nosotros emprendamos y logremos cualquier cosa en la vida. Trabaja en ello sin postergarlo.

85) CON EL PASO DEL TIEMPO
— Tic, tic, tic, tac. No malgastes ni un precioso segundo de tu vida.

86) ¿RECUERDAS ESOS OJOS?
— ¿Era acaso su intensidad? ¿Quizás la energía o simplemente la vitalidad que brotaba de ellos?
— Hay ojos y miradas que son memorables e inolvidables.

87) PARA NUESTROS HIJOS
— Celebra siempre a tus hijos. Ellos dependen y necesitan de tu amor, guía y atención. Define, ¿qué aspiras para ellos? Entiende,

¿cuáles son sus aptitudes y propensiones? Crea para ellos un sendero, un camino hacia adelante, a una lista de aspiraciones que establece y marca un rumbo hasta que lleguen a ser adultos.

88) El destino
— Nosotros somos nuestro propio destino. Depende enteramente de nosotros que este ocurra.

89) Los círculos virtuosos de la vida
— A través de la claridad, coherencia, virtud y equilibrio en la vida es como este tipo de círculos virtuosos existen, siempre moviéndose hacia arriba.

90) El entusiasmo
— El ímpetus, la inspiración, el deseo de ser felices, las ganas intensas y el celo lleno de alegría.

91) El éxito y el amor
— El éxito resultante del amor es donde reside el amor verdadero.

92) El gozo y la dicha de ser felices
— El pináculo de la felicidad se origina en la inspiración.

93) Ya no es más solo un sueño
— Inexorablemente, a través del tiempo el sueño de Martin Luther King Jr. se ha ido acercando más y más a la realidad.

— Las reflexiones y lecciones de la serie de El equilibrista buscan guiarle hacia un sendero donde pueda emular una vida como la de Martin Luther King Jr.

Palabras de despedida del autor

L a historia detrás de la creación del primer volumen de la serie El equilibrista. A veces los obsequios oportunos vienen envueltos en paquetes minúsculos. Sinceramente espero que este sea el caso con la serie El Equilibrista. En particular, me siento obligado a compartir la historia sobre cómo se creó el primer volumen, ya que retrata los muchos matices de la condición humana. El arte detrás de la elaboración de este libro va más allá de las tribulaciones anecdóticas, las circunstancias o el medio ambiente, estos tres son otra historia digna que contar. Pero el dónde, qué y quién no es lo que dio forma a estos escritos.

Este garabato mágico se convirtió en arte debido a cómo se produjo, como si lo guiara absolutamente nada racional sino solo mi esencia cruda, sin filtrar, incluso expuesta. El equilibrista es muy íntimo para mí porque, sin querer, pude expresarme a través de palabras escritas en formas que siempre soñé. Es el libro que siempre quise escribir, la marca de verificación en mi lista de deseos 'escribir un libro significativo'. Independientemente de su posterior resonancia o no, el viaje para crearlo fue una experiencia única en la vida. Su finalización fue un momento de gran satisfacción personal cuando me di cuenta de que los sentimientos, los sueños, la sabiduría, todo, literalmente se fusionaron con palabras que se convirtieron en arte puro y simple.

Todo comenzó con pequeños poemas, ensayos cortos que visualizaba en mi cabeza, a veces una palabra aquí o allá, otras una frase corta o incluso la idea completa. No hubo patrón ni esfuerzo deliberado. Tampoco pude discernir claramente los estímulos que los provocaron. Era solo yo reaccionando a la vida como estaba sucediendo frente a mí a través de lupas filtradas por mis creencias y sabiduría. Estos escritos inspiradores se acumularon durante un período de tres años en una pila. A medida que los volvía a visitar, constantemente, comencé a darme cuenta de que de alguna manera estaba dibujando un ciclo completo de vida describiendo temas existenciales y abordando temas que reflejaban cómo me sentía y percibía profundamente el viaje de la vida.

Cada vez más podía visualizar la diferencia entre lo mío y otras formas de escritura. Durante el mismo período, como aspirante a autor, escribí numerosas novelas donde las tramas y los personajes se crearon solo para fines de entretenimiento. Los escribí a todos con el control total de los guiones mientras ajustaba, cambiaba y pulía las historias, haciendo que la ficción se ajustara mejor a la realidad. Este fue un proceso mecánico, aparentemente interminable, al que llamé perfección por desgaste. Con este fin, estaba creando mejores y mejores libros como productos, perfectamente empaquetados y listos para el consumo. Los poemas eran diferentes. No tenía control sobre eso. Simplemente continuó creciendo constantemente a través de una serie de momentos inspiradores. Noche tras noche, seguía mirándome a mí mismo mientras trataba de averiguar, ¿hacia dónde iba este proceso creativo en particular?

Entonces un buen día supe que estaba hecho. No me pregunten cómo. Solo lo supe. Por lo tanto, la pregunta natural era: "¿Qué es esto?", "¿Es solo una colección de poemas y ensayos cortos?" Me pregunté a mí mismo y respondí "el síndrome de las imágenes en exhibición", respondí, "ya que rara vez sabemos lo que el artista está sintiendo o pensando. Lo que solemos obtener son solo las imágenes que cuelgan en la pared, mientras que tenemos que especular al respecto; cuánto mejor se sentiría si las opiniones del artista sobre su arte pudieran estar presentes; resultaría en una guía fantástica que enriquecería inmensamente la experiencia artística, independientemente de si estuviéramos de acuerdo con el artista o no".

Con estos dos bloques de construcción, la pila de poemas y la determinación de no presentar otro libro de poemas y ensayos "cuadros en exhibición", me pregunté qué quería hacer al respecto. La respuesta fue: "No sé. No tengo ni idea". Pasaron un par de meses, luego, inesperadamente, un día memorable, literalmente impulsado por la mano de Dios, simplemente comencé a recordar en el tiempo, volviendo a visitar a todas esas personas y lugares que desde que era un niño pequeño, han sido mágicos para mí. Fue entonces cuando se rompió la presa y comencé a escribir mi narrativa en serio.

Desde el principio, sin ningún orden en particular, la historia se tejió perfectamente a través de la pila. Uno por uno, los poemas y ensayos encajaban como si estuvieran predestinados. En cada caso, fue surrealista y emocional. Cada uno cayó en su lugar como si siempre hubiera estado allí, esperándolos. Al final, a diferencia de la ficción pura, la historia fue una compilación completa compuesta por mí, incluidos los símbolos, las pequeñas cosas y los compañeros de viaje que había encontrado en la vida. Todo sucedió inconscientemente y en forma de arte. Nada era demasiado obvio, ni siquiera de hecho lo mismo, sino como una serie de momentos breves y significativos que tuvieron un profundo significado y propósito en mi propia vida. Demasiado para un pequeño libro de solo unas pocas páginas. Espero que todos disfruten de la serie Equilibrista tanto como yo cuando la creé y como he seguido haciéndolo.

Finalmente, cada palabra de la serie The Equilibrist fue creada con mi familia como mi estrella del norte. Lo miré continuamente por mi inspiración y luz. Sé que verán fácilmente a través de arte y se alegrarán del viaje a través del equilibrista, ya que lo harán mientras caminan junto a mí como su guía y compañero.

ERASMUS CROMWELL-SMITH II

Reconocimiento

Este libro de poesía no podría haber sido posible sin el apoyo inquebrantable de mi comité de editores ad hoc. Una vez más, sus comentarios fueron invaluables, su entusiasmo altamente inspirador y su compromiso, emocionalmente gratificante. A mi equipo, Amy, Alfredo, Andrea, Ana Julia (Rip), Barry, Bobby, Burt, Chabelin, Charles, Danny, Elisa, alemán, Janet, José, Maria Elena, Mark, MaryAnn (Rip), Mitch y Steve, han sido increíblemente increíble! a través de todo el camino.

Debo agradecer especialmente a Daniel Dorse por su magnífica interpretación de cada uno de los audiolibros de *The Equilibrist*. Sé, valoro y respeto la cantidad de esfuerzo y pasión que pones en este conjunto de preciosas artesanías ingeniosas de la palabra hablada. ¡Gracias!

La próxima serie profundiza en mi vida creciendo bajo el cuidado amoroso y la tutela de mis padres adoptivos. Erasmus Sr. y Victoria. En particular, abarca cuatro aventuras diferentes que tuvieron lugar durante los muchos viajes que hicimos alrededor del mundo. En estos libros tomo el escenario como protagonista. El primer volumen de la serie se llama *El Orloj de Praga*.

Los veo pronto,

ERASMUS CROMWELL-SMITH II

Índice

Nota del autor ... 5
Poems
1) El quisquilloso pendenciero y el malabarista callejero ... 7
2) El equilibrista ... 10
3) El vendedor de globos ... 12
4) El joven fisgón y el granjero ermitaño ... 17
5) El regalo de la vida ... 20
6) La pequeña llama que nunca oscila, cavila o titubea ... 21
7) La magia de la vida ... 23
8) El unicornio azul ... 26
9) Una melodía a través de la lluvia ... 27
10) Allá, allá arriba, allá en todo lo alto ... 29
11) Un valeroso grupo de pocos ... 2
12) El mundo de la gente feliz ... 31
13) El carrusel de la vida ... 33
14) La esperanza ... 36
15) En que consiste una vida inspirada ... 40
16) El pasado y el futuro ... 45
17) Alcance a la vida ... 47
18) Triunfar no es para los pusilánimes de corazón ... 47
19) La autosuficiencia sana ... 52
20) Los mejores instintos del corazón ... 54
21) La importancia de los pequeños detalles en la vida ... 57
22) El amor nos llega a través de un conejito en su laberinto ... 60
23) El secreto esta en cómo los polos opuestos se atraen en el amor ... 63
24) ¿Qué es el amor? ... 69
25) ¿Qué es el verdadero amor? ... 71
26) El taburete de tres patas ... 73
27) Nuestros lazarillos existenciales ... 76
28) Si te pudiera encontrar en algún lugar del universo ... 77

29) Un labor de amor ... 78
30) Existe una vida por vivir a tu lado ... 80
31) El verdadero éxito en la vida consiste en ser feliz ... 84
32) La fórmula de la felicidad ... 87
33) El optimismo ... 95
34) Pequeños sacrificios ... 98
35) Acerca de los cuentos de hadas y el destino ... 100
36) Mi diosa radiante de la noche ... 105
37) ¿Qué es eso tan especial que eres tu? ... 107
38) La vida, el carácter y la virtud ... 108
39) Espabílate, salte de la situación ... 110
40) El deshollinador ... 113
41) La fe ... 115
42) Susurrándole a tu corazón ... 118
43) La vida, la evolución y el cambio entre nosotros ... 119
44) Los magos de la vida ... 122
45) El viaje de la vida ... 124
46) La riqueza, la fama y el amor ... 128
47) La familia, las verdaderas amistades y el amor ... 132
48) Un verso en el panteón de los poetas ... 136
49) La vida como un circo ... 137
50) Esos rulos brillantes son solo míos ... 142
51) Claridad en la vida ... 144
52) Contemplando tu rostro ... 146
53) La gratitud ... 151
54) Siempre allí ... 152
55) Un sabio acertijo ... 155
56) La duda ... 156
57) La dualidad ... 158
58) La genialidad ... 161
59) La adversidad ... 167
60) ¿Cómo es que tu me haces sentir tan especial? ... 178
61) Coherencia ... 179
62) La virtud ... 181
63) El perdón ... 184
64) Silencio dentro de la música ... 188
65) La reciprocidad ... 189

66) El desafío como desacato o rebeldía ... 191
67) La curiosidad ... 194
68) Decisiones ... 196
69) La resistencia ... 198
70) ¿Dónde reside la belleza? ¿Dónde yace? ... 200
71) ¡Qué día tan maravilloso este es! ... 205
72) La serenidad, el coraje y la sabiduría ... 208
73) La fábula del joven viejo y el payaso ... 210
74) Una simbiosis muy particular ... 216
75) El caso del niño curioso y el inquieto mago ... 217
76) De la mano del escribidor ... 219
77) El increíble designio de estar juntos ... 219
78) De cómo el amor lo ilumina todo ... 221
79) Cuando escribo para ti ... 222
80) La convergencia ... 223
81) Dicen que el amor.. ... 224
82) Cuando no estemos juntos ... 225
83) Los murmullos de las almas ... 227
84) Ánimo, animus, ánima ... 228
85) Mientras el tiempo se nos va ... 230
86) ¿Recuerdas esos ojos? ... 231
87) Para nuestros hijos ... 232
88) El destino ... 234
89) Los círculos virtuosos de la vida ... 235
90) El entusiasmo ... 236
91) El éxito y el dinero ... 238
92) El gozo y la dicha de ser felices ... 239
93) Ya no es más solo un sueño ... 244
COMENTARIOS DEL AUTOR ... 253
PALABRAS DE DESPEDIDA DEL AUTOR ... 281
RECONOCIMIENTO ... 285

Poesía en equilibrio
fue impreso en 2020 por
Erasmus Press in EUA

ƎP

www.ingramcontent.com/pod-product-compliance
Lightning Source LLC
Chambersburg PA
CBHW071334080526
44587CB00017B/2839